獨逸だより ライプツィヒ篇

ニキシュを聴いた日本人

高辻玲子 著

中央公論事業出版

獨逸だより　ライプツィヒ篇　ニキシュを聴いた日本人　もくじ

獨逸だより　ライプツィヒ篇

ニキシュを聴いた日本人

はじめに

二〇一一年（平成二十三年）三月、我が国は東日本大震災という未曾有の天災に見舞われた。

未曾有という言葉を使ったのは、地震の規模だけでなく、それに伴った津波に加えて、原発事故という世にも恐ろしい人災が生じたからである。

その年の秋、私は一冊の本を上梓した。と言っても、大震災のことを直接書いたわけではない。しかも、上梓と言っても、長い間手元にあった資料や書き溜めたものをまとめて書き下ろし、私家本を作って知人や親戚に配ったものに過ぎない。

『ゲッティンゲンの余光』と題したその本は、私の夫の祖父高辻亮一《たかつじりょういち》が、今からおよそ百年前に留学先のドイツで書いた日記の前半部分、すなわち最初の留学地ゲッティンゲンに到着してから次の留学地ライプツィヒに向かって出発するまでの数ヶ月の記録をもとに、書きまとめたものである。

高辻亮一は、一八八三年に大阪府南河内《みなみかわち》で生まれ、地元の堺中学（現・三国丘高校）を卒業した後、上京して第一高等学校と東京帝国大学に学び、保険会社に就職、結婚して男児を儲けたその年に会社から留学を命じられ、家族を置いて単身渡独した。

最初の留学地ゲッティンゲンに到着したのは一九一〇年（明治四十三年）秋のことである。

当時ドイツは帝国時代の末期であり、日露戦争と第一次世界大戦の間の、水面下は知らず表面上は嵐の前の静けさとも言うべき平和でのどかな数年間で、日独両国の関係も、少なくとも民間レベルではきわめて友好的だった。元々明るい性格で語学の才もあった亮一は、存分に留学生活を楽しんでいたことが、日記等から窺われる。

ただし、彼は三年間の滞在を終える直前に、突然の病を得てそのまま帰国し、療養の日々を送った後に、三十八歳の若さで世を去ってしまった。

留学の本来の目的は、先進国ドイツの保険事情について学ぶことだった。大学時代に講義を受けたことのある保険法の泰斗《たいと》ヴィクトール・エーレンベルヒ教授（一八五一―一九二九）に師事するべくゲッティンゲン大学を目指したのだが、同教授が翌年度の夏学期からライプツィヒ大学に転任することになったため、亮一も急遽後を追ってライプツィヒに移ることになった。

したがって、ゲッティンゲンに滞在したのは僅か四ヶ月のことだったが、その間は会話の個人レッスンに通うほかは大学の授業もなかったので、日々の見聞や体験を克明に記録する時間は十分あった、と言うより、ほとんどの時間を記録を書くために費やしていたと言った方が当たっている。

特に、ゲッティンゲンで迎えた渡独後初めての元旦から、亮一は妻子に読ませるための日記とも手紙ともつかぬ記録を、ドイツ製のB六判のノートをばらしたものに米粒のような小さい字でびっしりと書き込んでは、次々と内地に送り始めた。

その作業は、ゲッティンゲンからライプツィヒに移った後も、大学の夏学期が始まるまで続けられた。期間としては短いが、内容の緻密さによる情報量は普通の日記の何年分にも相当する。ばらしたノートは帰国後に製本され、皮の背表紙に金文字で「獨逸だより」と書かれた洋装本となって、妻である私どもの祖母みつの手元に遺された。

みつは夫の死後、女手一つで長男正己《まさみ》とその妹二人を育て上げ、昭和五十年（一九七五年）に八十三歳で他界した。

祖母の死後何年もたってから、たまたま日記を読み始めた私は、その内容が殊のほか面白いことに驚いた。元々文芸を好み、夏目漱石《なつめそうせき》の愛読者だった亮一の文章は、どことなく『坊っちゃん』などとリズムやテンポや言葉遣いが似通っていて、調子よく読めてしまうのだった。

そこには彼地で見聞あるいは体験したことが書かれていると同時に、遠く離れた妻子への切々たる思いが、時にはラブレターのように綴られていた。当時の海外留学は、今とは比べようもなく大変なことで、最愛の妻子と今生の別れとなるリスクも大きかったわけだから、その心情は十分理解出来る。単身渡独した彼地での体験を、話して聞かせるかわりに細大漏らさず書いて、会えない妻に伝えようとしたのだろう。特に日記の前半部分であるゲッティンゲンの記録に関して言えば、日々の出来事はもとより、街の様子や、下宿している家庭の暮らしぶり、毎食のメニューから子どもの教育に至るまでが、感想を含めて実に詳しく認《したた》められている。

当時ゲッティンゲン（日記には月沈原《ゲッチンゲン》と表記されることもある）には日本人の留学生が十四人滞在していたが、彼らの動向についても事細かに書かれている。小さな街なので日本人同士で集まって賑やかに過ごすことが多かった。

そして、その中に登場する「寺田君」が、「夏目さんの小説に登場する云々」と書かれていることから、かの有名な寺田寅彦《てらだとらひこ》であることが判明したときは、本当に驚いた。

寺田寅彦（一八七八—一九三五）は、言うまでもなく地震とは関わり深く、防災の日などに必ず言及される物理学者であり、その科学随筆は今も多くの愛読者を得ている。

ゲッティンゲンで亮一と出会ったとき、寅彦は亮一よりも五歳年長の三十一歳だった。僅か四ヶ月の親交の中で、亮一は寅彦の人柄と風格に私淑し、「当地一等の人物」などと書き、寅彦との会話を楽しみ、その言葉に耳を傾けている。

あの時代にドイツに留学した日本人は、先進国に学ぶべく留学したのだが、そんな中で寅彦と亮一は、他を知ることによって自己を知るように、自分達の祖国日本の特質を見直し、あらためてその良さ、美しさについて語り合っている。

亮一は帰国してまもなく三十八歳で亡くなったが、寅彦はその後享年五十八歳の最晩年に至るまで、随筆などの中で、日本には西欧とは異なる特有の自然があり、古来育まれてきた独自の自然観や自然への対し方があることを書き続けた。そして、日本人は西欧の文明を受け入れながらもそれらを忘れてはならないことを訴え続け、特に地震、津波などの天災について警鐘を鳴らし続けた。「天災は忘れられたる頃来る」という彼の言葉は、今でも事あるたびに引用されている。

私が、どうしても二〇一一年に、自費出版に踏み切ってまでも、『ゲッティンゲンの余光』を上梓したいと思ったのは、東日本大震災の年に寅彦のことをさらに多くの人に知ってほしいと切望したのが、理由の一つである。

けれども、実はそれだけではない。もう一つ理由を挙げるならば、偶然のことに二〇一一年は日独修好百五十周年に当たる年だった。しかも、亮一の日記が書かれたのは一九一一年だから、二〇一一年から数えるとちょうど百年前であり、日独修好五十周年に当たっている。本を作るなら、そういう年をおいて他にないのではないか。

しかし、元々物書きでもない六十代の主婦が、敢えて私費を投じてまで本のかたちにしたいと思った本当の理由は、それだけではなかったような気がする。何が自分をそこまで駆り立てたか、ここであらためてゆっくり考えて見ることも、古稀に到達した自分の人生を総括する手懸りとなるかもしれない。

本編は、そんな気持ちも含めて、『ゲッティンゲンの余光』に書き切れなかった「獨逸だより」の後半部分であるライプツィヒの記録を辿ろうとするものである。

第一章　ライプツィヒ篇への道

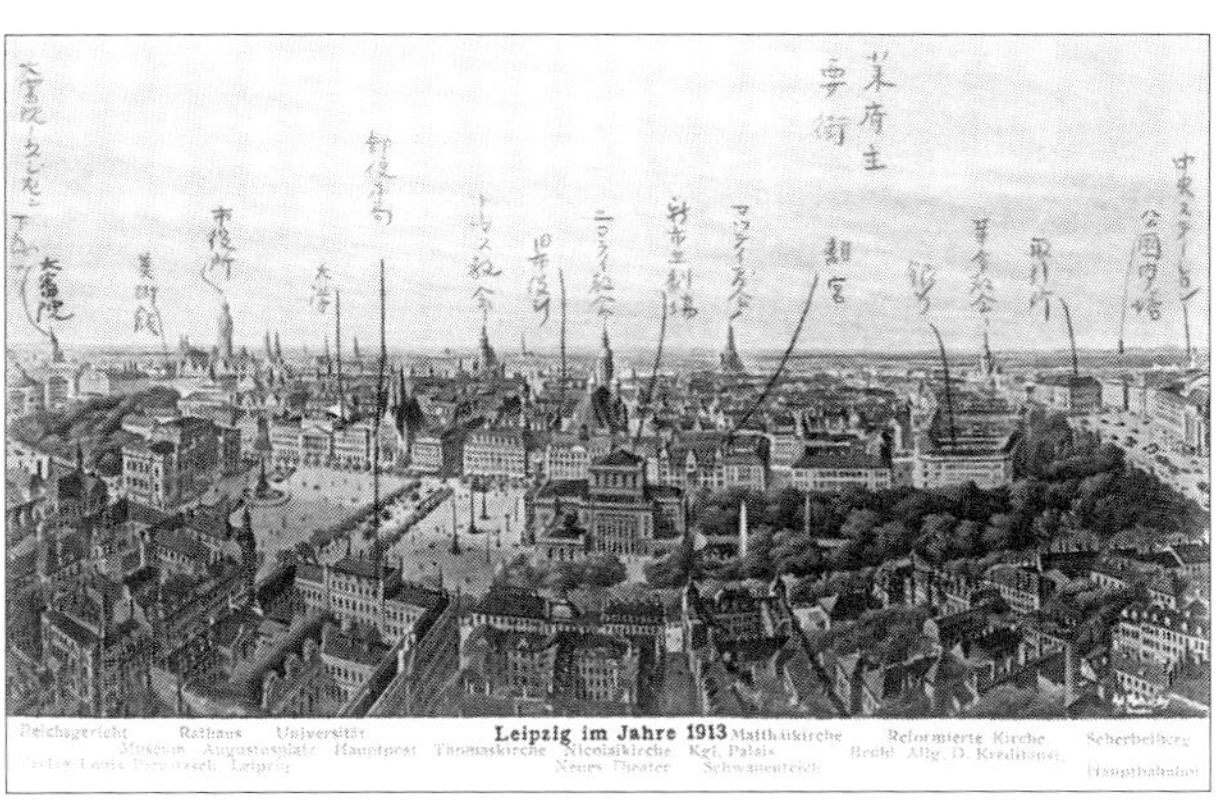

ライプツィヒ市街地全景（1913 年の絵はがき）

もう一つの世界

『ゲッティンゲンの余光』を書き下ろすまでの自分には、何か物に憑かれたような勢いがあった。たしかに、亮一《りょういち》の日記の、特に前半部分は、伝統ある学園都市ゲッティンゲンの当時の様子や人々の暮らしやそこで学ぶ日本人留学生達の姿が活写される中に、思いがけない寺田寅彦《てらだとらひこ》の登場など面白い話が次々と出て来るので、つい引き込まれるように読み続けてしまうのだった。

それは大袈裟に言えば、時空の異なるもう一つの世界が突然自分の前に現れたようなものであり、しかも、その別世界は今在る自分と確かにつながっていると思うと、いっそう夢中にならざるを得なかった。

この日記を読み込むことを後半生の目標にしようと思ったとき、まず考えたのは、史料として使えるかたちにするために日記の一部始終を活字にすることだったが、そのためには、手書きの日記の読みにくい部分や内容の不明なところを読みこなす必要があった。

私は残念なことにゲッティンゲンにもライプツィヒにも行ったことがなく、当面訪れる当てもなかったので、手の届く範囲で必要な関係資料を集めて回るしかなかった。また、亮一をめぐる百年前の人脈についても、尋ねまわって確かめなければならなかった。

そのように日記の内容について一々裏を取って行くのは、結構大変な作業ではあったが、そこで労を惜しむ気持ちは毛頭起こらなかったし、その間に日記の中に登場する人々の現存する関係者との様々な出会いがあったことが、大きなパワーとなった。それらの人々の声援に煽られて勇気が百倍したことは言うまでもない。

もちろん、その最たる存在は、亮一の長男すなわち筆者の夫の父正己《まさみ》で、十一歳で死に別れた父親のことで記憶にあるのは帰国後の病身か病床の姿しかなかったので、留学時代の元気潑溂《はつらつ》と青春を謳歌していた様子は初めて知るところであり、さらに日記を通して父亮一の、母や自分に対する思いがいかに熱いものだったかを知って驚いていた。

そして、たまたま留学日記「獨逸だより」のことが日本経済新聞に取り上げられたことから、思いがけなく寺田寅彦の当時唯一人の現存の遺児であった次女の関弥生《せきやよい》さんから連絡をいただき、以来親しいおつきあいが、弥生さんが九十四歳で亡くなるまでの十年余り続いたのだった。

弥生さんは愛してやまぬ父上の若い頃の姿、特に『寺田寅彦全集』の随筆や書簡や日記にほとんど載っていないゲッティンゲン滞在の日々のことを熱心に読んで下さった。中でも、日本人留学生の集まりで寅彦が土佐の「よさこい節」をうたったというくだりを大変喜ばれた。

ほかにも日記に登場する方達の縁者が何人か名乗りを挙げて下さって、それぞれ親しくお目にかかる機会を得たのだが、不思議なことに、何れも初対面でありながら、お互いに旧知に会うような懐かしさを覚えたのだった。

けれども、さすがに百年も前の日記なので、応援して下さる方達も高齢者が多く、その後ようやく日記の前半部分をまとめて『ゲッティンゲンの余光』を上梓したときは、義父も弥生さんもすでにこの世の人ではなかった。それでも、その熱気というか余熱がしばらく残っていたのと、霊前に捧げたいという思いが強い動機づけになって、一気に書き上げたと言ってもよい。『ゲッティンゲンの余光』を書き終えた直後は、すぐに続きのライプツィヒ篇をという気持ちもないではなかった。しかし、日が経つにつれて、身辺雑事に紛れるまま、いつの間にかそれが失速していた。

人はどういうときに、物を書こうと思い立つのだろうか。書くことを職業とする人は別である。私のように、平穏無事に、それなりに安楽な余生を送っている一介の主婦が、突然そういう気持ちになるのは、どういう場合だろうか。

そう考えると、そもそも夫の祖父とは言え、一度も会ったこともなければ、自分が生まれるよりも遥か昔に若くして他界し、しかもほとんど、というかまったく世に知られていない人が書いた日記に、あれほど夢中になってしまって後世に書き伝えたいと思ったのも、我ながら不思議なことだった。

そんな失速状態が続く中、あるとき、私の気持ちを察したのかもしれないある人から、森鷗外《もりおうがい》(一八六二―一九二二)の『渋江抽斎《しぶえちゅうさい》』を読むことを勧められた。難解なことで知られるその作品を、再読三読するうちに、私は森鷗外がふとしたきっかけから渋江抽斎という世に知られざる過去の人物の存在を知り、次第にその人への思い入れを深めて行く過程に、関心とともに一種の共感を覚えたのだった。そして、文豪森鷗外に倣うのはあまりにもおこがましいけれども、私の場合も書いているうちに新たなきっかけと出会うかもしれないし、そこから新たな思い入れの対象が出現するかもしれないので、とにかく続きを書いてみようと思ったのである。

長い前口上になってしまうが、そういうわけで、本章では今回ライプツィヒ篇への道を開く端緒ともなった『渋江抽斎』について、出来るだけ簡潔に記しておこうと思う。

「述志の詩」

三十七年如一瞬　（三十七年一瞬の如く）
学医伝業薄才伸　（医を学び業を伝え薄才伸ぶ）
栄枯窮達任天命　（栄《えい》枯《こ》窮《きゅう》達《たつ》は天命に任せ）
安楽換銭不患貧　（安楽を銭に換えて貧を患《うれ》えず）

これは鷗外最晩年の作品『渋江抽斎』の冒頭に掲げられた、主人公抽斎三十七歳の志を述べた「述志の詩」と題する七言絶句である。鷗外の代表作の一つとして知られるこの史伝小説は、とにかく難解なことで有名で、私は最初に読んでみて、まず用いられている言葉の難しさに戸惑い、巻末の註や国語辞典を頼りに読み進めなければならなかったのと、登場人物が多すぎて一度では覚え切れず、とにかく一読しただけでは著者の意図さえほとんど理解不能であり、再読三読してようやく作品の世界に入って行くことが出来たのだった。

森鷗外は、自身とは生きた時代を完全に異にする渋江抽斎（一八〇五―一八五八）という、おそらくそのままでは後世にほとんど名を遺すことはなかったであろう江戸時代の人物に、ふとしたことから関心を持ち、その後様々な出会いや新しい発見によってさらにその関心を深め、その挙句、前掲の詩を書家中村不折《なかむらふせつ》（一八六六―一九四三）に依頼して額に仕立てたものを自宅の居間に飾るほど、その人物に傾倒してしまった。

鷗外が、世に知られざる人との時空を超えた出会いにそれほどまでに心を躍らせた理由は、冒頭の数章に、要約すると次のように書かれている。

鷗外は医業と文筆業の傍ら「武鑑《ぶかん》」を蒐集していた。「武鑑」とは、江戸時代の出版物で、大名や幕府の役人の氏名、石高、家紋などを記した年鑑形式の、今で言えば紳士録のようなものであるが、鷗外は蒐集したそれらの中に「弘前医官渋江氏蔵書記」という朱印を押されたものをしばしば見かけることがあり、医官という自分と同じ天職を持ちながら、「武鑑」蒐集という同じ趣味を持っていた渋江という人物の存在を知ることになる。

そして、蒐集を続けているうちに、最古の「武鑑」は正保《しょうほう》四年に上梓された「屋敷附」であると断定するに至るのだが、やがて意外なことに、そのことを自分よりも先に断定している人がいたことを発見する。すなわち、同様な断案が上野の図書館にある『江戸鑑図目録』という写本の中に見られたのである。

その目録には、文中所々に考証を記すにあたって「抽斎云《いわく》」と記されていた。また、その写本には、やはり「弘前医官渋江氏蔵書記」の朱印が押されていた。

それについて、鷗外は次のように書いている。

わたくしはこれを見て、ふと渋江氏と抽斎が同人ではないかと思った。そしてどうにかしてそれを確かめようと思い立った。

それからというものは、会う人ごとにそのことを尋ね、弘前の知人にも手紙で問い合わせるなどした結果、渋江抽斎という人物の実在が確認され、その子孫が東京に在住していることがわかり、抽斎の実子渋江保《たもつ》と対面することが出来た。

そして抽斎の人物像や公私の生活、交友関係などが明らかになるにつれ、鷗外は会ったことのないその人と自分との間に運命的に共通するものを感じ、前掲の述志の詩にも心情を響き合わせ、ますます抽斎に対する敬慕の念を募らせて行ったのである……

このようなプロセスが、緻密ながら淡々と、しかも聊《いささ》かの冗長もなく述べられる中で、読者は(私の場合は再読三読した結果であるが)否応なしに渋江抽斎という、そのままでは後世にほとんど知られることがなかったであろう人物の世界に引き込まれて行く。さすが明治の文豪の力量、と感嘆するばかりである。

と、ここまで書いたところで、抽斎が世に知られざる人であることを、私が繰り返し書いている理由を述べなければならないが、それは後の章に回すとして、ここでまた話を髙辻亮一の留学日記に戻すことにする。

第二章　寅彦と亮一

留学生達が待ち合わせ場所に使っていた
ゲッティンゲン市役所裏の鵞鳥娘の噴水

愉快な仲間

これまでに述べた通り、私は先年夫の祖父高辻亮一《たかつじりょういち》が百年前に書いた留学日記「獨逸だより」をもとに『ゲッティンゲンの余光─寺田寅彦と高辻亮一のドイツ留学』と題する私家本を上梓した。一九一〇年（明治四十三年）、二十七歳の高辻亮一は保険会社から派遣されて渡独し、三年間の留学が終わる頃に病を得て帰国、一九二一年（大正十年）春に三十八歳の若さで他界した。

彼が留学の最初の数ヶ月を過ごした地方の大学都市ゲッティンゲンには、当時十四名の日本人留学生が滞在していたが、いずれも単身で留学していたので、せまい街の中で互いに訪ね合い、食事に、散歩に、玉突きに、映画に、大衆演芸に、決闘見物に誘い合い、誰もホームシックになどなる余地がないくらい親密に賑やかに過ごしていた。

その模様が、亮一の日記に事細かく報告されているが、一人ひとりは将来の日本を担うべくドイツに派遣されたエリートなのに、このときとばかりにすっかり書生気分に戻って、馬鹿騒ぎなどもしながら「第二の青春」を楽しんでいる。日記に書かれた仲間同士の軽妙なやりとりに、思わず笑ってしまうこともあるくらいだ。

物理学者で随筆家の寺田寅彦《てらだとらひこ》もそのうちの一人で、二年にわたるドイツ留学の最後の四ヶ月をゲッティンゲンで過ごしていた。一九一〇年（明治四十三年）の秋に相前後してゲッティンゲンに到着した寅彦と亮一は、翌年二月に寅彦がパリに向かって出発するまでの間、まるですれちがうかのように、せまい町の中で留学生活を共にしたのである。

十四人の日本人留学生がお互いに気のおけない愉快な仲間だったことは、寅彦と亮一が彼地を去るときに催された送別会の模様からも想像出来る。

寅彦が興に乗って土佐のよさこい節を歌ったことを初めて知った寅彦の次女弥生《やよい》さんは、「父がよさこい節を歌うなんて」と声をはずませ、「高知の人達が聞いたらさぞ喜ぶでしょう」と言われた。実はそれだけでなく、寅彦はそのとき「高辻の謡《うたい》の真似、吉川《よしかわ》の槍さびの真似」と称して声色で皆を笑わせているのである。

彼らにとってそのときの楽しさは、いつまでも続くものではなく、留学先での一定期間に限られると知ればこそ、あのように底抜けに無邪気に楽しめたのだとも思われる。

歌人斎藤《さいとう》茂吉《もきち》に「楽しさをとはにとどめむ現《うつつ》なるそのひと時のにほひなれども」という一首がある。その意を借りれば、どんなに楽しい時間でも所詮は「現なるそのひと時のにほひ」に過ぎない。しかし、その楽しさを亮一が書き遺したことによって、今この世にある我々も、その余響を楽しむことが出来るのだと言えよう。

また、亮一よりも一足先にゲッティンゲンを出発する寅彦を、残る全員が駅頭に見送り、走り出す汽車にいつまでも帽子を振って別れを惜しむくだりなど、映画の一場面を見るようで、実に趣がある。人によっては、特に亮一にとっては、それが今生の別れとなったことを知りながら読むと尚更のことである。
『ゲッティンゲンの余光』では、寅彦、亮一以外の留学仲間について、それぞれの帰国後を辿ることも試みたが、その中には亮一以外にも四十歳前後で他界している人達がいて、一人はゲッティンゲン大学で〝ヒルベルト空間〟のヒルベルト教授に師事し、「数学界のプリンス」と言われた京大教授の吉川実夫《よしかわじつお》（一八七八―一九一五）であり、もう一人は無線の研究で数々の発見的業績を挙げた九大教授の曽我部《そがべ》（林《はやし》）房吉《ふさきち》（一八七八―一九一九）である。寅彦は彼らよりも長く生きたが、享年五十八歳という年齢は、今ならば早世のうちに数えられるだろう。『ゲッティンゲンの余光』は、それらの人々も含め、亡くなったすべての人々の追憶と供養の気持ちも込めて書いたつもりである。ところが、何故か『寺田寅彦全集』の随筆、日記、書簡の中には、ゲッティンゲンに滞在した間の詳しい記録がほとんど見当たらない。したがって、亮一の日記は、若き日の寅彦の知られざる一面を知る貴重な史料であると自負している。

寺田寅彦は、特にある世代に熱烈なファンが多い。特に大正の終わりから昭和の戦時中にかけて、その科学随筆が広く愛読されたが、その森羅万象に対する感性や時代を見抜く先見力は、戦後の今日にも通用すると言われ、今なお多くの愛読者、信奉者を得ている。

戦後育ちの私も、かつて中学校の国語の教科書で寅彦の随筆「藤の実」に出会い、将来の自分の進路を左右するくらい深い感銘を受けた。その後、彼が夏目《なつめ》漱石《そうせき》の小説『我輩は猫である』や『三四郎』の登場人物のモデルであることを知り、ますます憧れの気持ちを持ったのだった。そして、夫の祖父の日記の中に、その寅彦の名前を発見したときは、それこそ心が躍ったのである。

もっとも、寺田寅彦という人は、それほどの見識と影響力を持ちながら、当時の日本の軍国化を阻止する具体的な言動がなかったことを惜しむ声もないわけではない。たしかに、「天災と国防」という随筆にしても、あの時代にあって、国防よりも天災に備えるべきだという主旨を訴えてはいるが、どこまでも随筆であり、読む人の心まかせで、それ以上の煽動力はない。

しかしながら、寅彦をかばうようだけれど、彼のように生来虚弱な体に様々な人生の重荷を負った人が、あの時代にあって直接的な言動によって自滅してしまうよりも、書かれた随筆がその後の歴史の流れの中で常に警鐘を鳴らし続けたことの方が、はるかに有意義だったと私は思う。

したがって、今こそ寅彦の意を汲んでこの国のとるべき道を考えてほしい、そのために若い人達に寅彦を読んでほしいと心から願っている。東日本大震災の年に『ゲッティンゲンの余光』を世に出すことにこだわったのも、寅彦のことをさらに多くの人に知ってほしかったからである。

有名と無名

ただし、実はそんな大義名分よりも、元々夫の祖父の留学日記を読んだ私が、それをいつの日か何らかのかたちでこの世に書きとどめたいと思った最初の動機は、正直なところむしろ次に述べるような個人的な感傷だったかもしれない。

つまり、寅彦があのように後世にまで名をとどめ、多くの信奉者を得ているのに対し、それなりの天与の資質に恵まれ、留学先のドイツでは寅彦よりも誰よりも潑溂と青春を謳歌し、将来に希望を持っていたのに、病を得たばかりに無名のまま世を去ってしまった我々の祖父が、哀れでならなかったのである。

しかし、今思うと、そのように有名無名にこだわった自分は、そのときまだ人生というものをよくわかっていなかったのだ。

たしかに、若い頃は誰でも、というか競争社会で育った人間は、そういうこと（有名とか無名とか）が気になるものだ。社会的活動をしていない女性でも、夫や息子が世の中に名を挙げれば、栄光の妻、栄光の母と見做され、羨ましがられもする。

世の中全体の風潮が、先の終戦後の民主化教育の反動のように、むしろそういう傾向を強めていたのではないかと思われる。一つの例として、戦後の教育現場では平等主義が重んじられ、その一環であろうか、学芸会などで突出した主役を作らない傾向があった。作るとしても、なるべく大勢の児童が主役になるような、そんな演出が一部では工夫されていた。しかし、それも裏を返せば、実は主役重視の、脇役やその他大勢を軽視する発想にほかならない。

人間は本来ヒーローに憧れる気持ちを持っているし、自分がヒーローやヒロインになることを夢見るのも自然なことだ。それを不自然な演出で抑えつけると、かえって心の中で有名無名にこだわる気持ちが強まってしまうこともある。フロイトの精神分析で言う反動形成の原理である。

そして、そういう私自身も、同じ時代に教育を受け、自分の子ども達を育てて来たのだから、有名無名、あるいは主役脇役が気になるのも致し方ないことではあった。

けれども人生の峠を越す頃になれば、当然そうした考えも個人的には少しずつ、あるいは何かをきっかけに変わって来るものだ。

私の場合、そんな価値観や歴史観に画期的な変容をもたらすきっかけとなったのは、大佛次郎《おさらぎじろう》（一八九七―一九七三）の大河歴史小説『天皇の世紀』を読んだことだった。たまたま家人の書架にあった全十冊を、還暦を目前にして読み始め、大長編にもかかわらず何とか読破したのである。『天皇の世紀』は、西暦一八五二年の祐宮《さちのみや》（後の明治天皇）の誕生とその翌年の黒船来航から物語が始まり、明治維新直後の北越戦争（一八六八年）まで書き綴られ、著者の死去によって未完に終わっている。時間的に見ればそれほど長い年月ではないが、そこに書かれている登場人物の数は、固有名詞だけでも三千有余名に及ぶと言われる。

しかし、私が圧倒されたのは、固有名詞の数よりも、むしろ名前も一々書かれていない不特定多数の民衆のパワーだった。

「野火《のび》」と題された章には、黒船来航と同じ年に勃発した東北地方の農民一揆のことが書かれている。無慮何万という農民が、想像を絶する苦難を乗り越えながら南部藩を脱出して仙台藩を目指して移動する、その底知れぬ迫力に絶句したものである。

著者大佛次郎は、その事件が黒船来航と同じくらいかそれ以上に、日本の開国と明治維新をもたらす原動力になったと書いている。そして私は、明治維新が実現したのは、いわゆる偉人伝に書かれるような数名のヒーローの活躍によるよりも、むしろ無名の民草の力が結集したものが、野火とも地熱ともなって歴史を動かしたのだと訴える著者の声を感じ、歴史に名を刻むことと歴史を作ることは別であることを、そこで教えられたのだった。

ついでのことに、『天皇の世紀』にほんの少しだけ登場する立石孫一郎《たていしまごいちろう》という人物について触れさせていただく。彼は実は私の母方の縁者なのだが、元々倉敷の素封家《そほうか》の養子だった孫一郎は、幕末の世の中の動きに居ても立ってもいられなかったところに、一八六三年（文久三年）に大和（今の奈良県）で天誅組が決起して幕府に鎮圧されたことを知ると、いよいよ自分も革命家になるのだと決心し、手始めに地元の悪徳米問屋に天誅を加えた後、妻と三人の子どもを置いて出奔、長州に下って第二奇兵隊に加わった。そして、一八六六年（慶応二年）四月、隊の中の不満分子を率いて倉敷に向かい、代官屋敷（当時倉敷は幕府直轄の天領だったので）を襲撃、たまたま代官は広島に出張中だったので留守番の役人を殺して代官屋敷を焼き払った。世に言う倉敷騒動である。一躍有名を馳せた孫一郎だったが、やがてそのことを幕府に咎められることを恐れた長州藩は、同年六月、藩のために一度は利用した彼を、今度は厄介者として謀殺したのだった……

この説明だけでは、孫一郎は単なるテロリストであり、まるでドン・キホーテであり、歴史上に咲いた徒花《あだばな》とも言えよう。しかし、『天皇の世紀』を読むと、たとえそのような挫折に終わった人々でも、決して単なる徒花ではなく、歴史の流れを勢いづかせるために何らかの役割を演じたのだと思えて来る。

そういうわけで、『天皇の世紀』を読んだことで、私のそれまでの歴史観や人生観は少なからず変容を来した。それは夫の祖父髙辻亮一の留学日記「獨逸だより」と出会って間もない頃であり、したがって世に知られざるまま亡くなった髙辻亮一という人の一生についても、それまでとはちがう見方が出来るようになったのは大きな収穫だった。

第三章　亮一とみつ

髙辻亮一

妻みつと長男正己

「とても楽しい人」

亮一《りょういち》の日記が書かれたのは、日本とプロイセンの間に修好通商条約が結ばれてからちょうど五十年目に当たる一九一一年である。

当時の日本は、西欧の先進国、その中でも特に一八七一年にプロイセン王国の宰相ビスマルクによってドイツ系諸国が統一されて成立したドイツ帝国を手本に近代化を目指していた。

地方から上京して、さらに海外雄飛を志し、それを実現しながら結果的には何も成しえぬまま早世した亮一の日記にも、当時の国を挙げて近代国家を目指す地熱のようなエネルギーを託された日本人留学生達が、先進国の異文化との出会いに身も心も躍らせている様子がよくわかる。

前章に書いたように、歴史を実際に動かしてきたのが後世に名を遺すヒーローや立役者だけではなく、むしろ名もない民衆の作り出す熱気であったとすれば、そして、髙辻亮一《たかつじりょういち》という一人の無名のまま早世した青年が書いた留学日記が、一つの時代の熱気を感じさせるとすれば、これもまた史料として価値があるのではないか。

これがようやく到達した結論というか、敢えて自費出版に踏み切ってまで『ゲッティンゲンの余光』を上梓し、さらにその続きのライプツィヒ篇を書くことを考えた表向き最大の理由と言えるだろう。

しかし、そんな理由はともあれ、実際に祖父の留学日記「獨逸だより」を紐解き、それにまつわる様々な事柄を調べていくうちに、私はいつしか亮一を始めとする何人もの人々との時空を超えた出会いに心を躍らせていた。また、日記の登場人物のみならず、例えば寺田寅彦《てらだとらひこ》の次女弥生《やよい》さんのような現存する由縁の方達から思いがけない連絡をいただくこともあった。それは、おこがましいことではあるが、森鷗外《もりおうがい》が渋江抽斎《しぶえちゅうさい》との出会いに心を躍らせ、どんどんその世界にはまって行ったのと、きわめて類似したプロセスだった。

日記と写真から想像される髙辻亮一の人間像にも、それこそ今日でも通用する魅力が十分に感じられた。私だけでなく、亮一の実の孫である義妹も、「こんな素敵な人がおじいさんだったなんて」と心を躍らせていた。

留学日記が陽の目を見るようになったとき、すでに親戚の中でも髙辻亮一と会った記憶のある者は、長男である義父正己《まさみ》を含めて二、三名しかいなかった。

私はもちろん亮一とは一面識もない。しかし、亮一の妻みつとは、その最晩年の三年間を一つ屋根の下で暮らした。

みつは日常、亡くなった夫のことを語ることは滅多になかったし、私が嫁いでから、家族の間で亮一のことが話題になることはほとんどなかった。義父にとっても、十一歳のときに死別した父親の思い出よりも、その後女手一つで自分と二人の妹を育て上げた母親の存在の方がはるかに重みがあったにちがいない。そして、義父の二人の妹のうち、姉の方は亮一が他界したとき六歳だったから、父親の記憶はいくらか残っていたかもしれないが、彼女自身亮一の享年よりも若くして亡くなってしまったし、もう一人の妹は、一歳半で父を亡くしているので、自分は母親一人に育てられたと言っていた。

亮一の遺品である「獨逸だより」も、みつが八十三歳で亡くなったときに柩にそのまま入れてしまう筈だったのを、誰かが入れ忘れたので、かろうじてこの世に残ったというのが真相である。

祖母みつが亡くなってその遺品を整理しているときに、義父は一九七一年（昭和四十六年）の手帳に書かれた一行日記の中に「四月十三日、命日、一人で五十年祭を行う」とあるのを見つけ、親不孝を深く反省していた。一九七一年と言えば、政府の要職についていた義父が最も激務の中にあった頃ではあるのだが。

けれども、今思うと、祖母は余人を交えず一人静かに神棚に向かいながら、亡夫に五十年の来し方を心おきなく、そしておそらく誇らかに報告し、亮一の霊は感謝と喜びをもってその労をねぎらったことだろう。それで十分だったのだ。たしかにある意味で、みつは栄光の母であり、子や孫や曾孫に囲まれた幸せな晩年に到達していたのだから。

「獨逸だより」には、亮一の妻子に対する並々ならぬ思いが書かれていて、実際その思いを汲んでひたむきに遺児達を育て上げたみつの心は、終生常に夫とともにあったにちがいないので、祖母の生前に亮一のことを聞いておけばよかったと、今になって後悔している。それでも何かの折に私が尋ねたときは、「とても楽しい人でしたよ」と、微笑みながら頷いていたことが思い出されるのである。

厳母みつ

私が亮一の妻である夫の祖母みつと初めて出会ったのは、今からおよそ半世紀も前、夫との婚約が内定した直後のことだった。休日に外で会っている途中、突然自宅に連れて行かれたときに、ほかの家族は皆外出していて、祖母が一人で留守番していた。

初対面の印象は、「小柄でほっそりとして、どちらかというと弱々しく見えるけれど、顔立ちの美しいおばあ様だった」と、家に帰って両親に報告した記憶がある。

しかし、それよりも印象的だったのは、鋭い眼光と、一分の隙もない凛としたたたずまいだった。これが話に聞いていた、何十年も一人でこの家を守り抜いて再興した偉いおばあ様なのだと思った。その印象は、嫁いだ後も、祖母が亡くなった後も、ずっと変わらなかった――亮一の留学日記が見つかるまでは。

私が嫁いだときには、みつは無論とうに主婦の座を長男の妻に譲って「ご隠居さま」と呼ばれていたが、世間一般のご隠居さまとちがって、人にも自分にも甘えることのない緊張感と威厳は、時に痛々しく見えるほどに、終生変わることはなかった。

留学日記「獨逸だより」が陽の目を見たとき、あの祖母に、こんなに素敵な人からこれほどまでに愛され守られていた幸せな新婚時代があったことに、家族の誰もが驚いた。

亮一の日記に書かれているみつは、我々の知る厳母のイメージとは正反対の、ひたすら愛らしく、健気で、忠実な妻である。また、いつも会話と笑い声が絶えなかった明るく楽しい新婚家庭のことを書いているくだりもある。

夫の亮一は、郷土の期待を担って南河内《みなみかわち》から上京した、今風に言えば超エリートだった。堺中学時代の作文を見ると、「他日台閣の人たるを期して」などと書いている。もっとも、大学卒業の際に選んだ進路は、官途ではなく民間の保険会社だった。諸般の事情はあろうが、選択の最大の理由は、保険会社に就職することが少年時代のもう一つの夢であった海外留学を実現するための近道と考えたためと思われる。

諸般の事情をもう少し詳しく書くと、大学に進んでからは、一高時代の寮友で後年作家になった森田草平《もりたそうへい》や生田長江《いくたちょうこう》とかなり親しかったくらいだから、官途を目指す硬派というよりは、どちらかというと文芸志向の軟派だったようだ。もちろん、本質的に真面目な青年だったことは言うまでもない。ゲッティンゲンでも仲間から「真面目な高辻君」と呼ばれていたくらいなのだから。

ここで、いささか身びいきと思われるかもしれないが、亮一について書かせていただくと、「獨逸だより」を読んで感心するのは、明朗闊達で情味のある真面目な人柄もそうだが、とにかくドイツ語会話の上達が仲間の中でも群を抜いていたこと、そしてもう一つは、毎日大量の克明な日記がインクをつけたペンで書き下ろされているのに、ほとんど書き損じや修正が見られないことである。天才作曲家といわれるモーツアルトが書いた楽譜も（無論若干の例外はあるとしても）書き直した形跡がないことで知られているので、両者はどこか共通したところがあるのではないかとさえ思ってしまう。

モーツアルトの場合は、書く前にすでに頭の中で曲が出来上がっていて、あとは書くだけだったと言われている。亮一の場合も、書く前に個々の文章が頭の中で完成していたのかも知れず、このことは、彼の抜群のドイツ語会話の習得能力と無関係ではないと思われる。いずれにしても、ある種の才人であったことは確かである。

みつとの縁は、高等学校を卒業して寮を出た後、軍人の未亡人だったみつの母親が経営する牛込区東五軒町の家作《かさく》（通称軍人長屋）に下宿したことに始まる。

当時みつは跡見女学校に通う女学生だった。二人の間にどういういきさつがあったのか、今となっては知る由もないが、ゲッティンゲンの日記には、「昨夜五軒町時代の夢を見た。御身が四畳半で黄八丈の羽織を着て漢文か何か勉強してるのを僕が窓からのぞいて教えている夢だ」などと認《したた》められている。

それはともかく、亮一は大学を出て保険会社に就職し、女学校を卒業したみつと結婚、長男正己が誕生して間もなく、社命により念願のドイツ留学に出発したのである。

あの時代に、先進国の保険制度や保険事情について学ぶべく日本の保険会社から欧米に派遣された留学生は、将来的に相当な地位と生活が保証された筈である。したがって留学日記「獨逸だより」を書いていた時点では、まさに順風満帆、本人にとっても家族にとっても限りなく明るく楽しく裕福な未来が約束されていた。それが、青天の霹靂とも言うべき帰国直前の罹病によって、皆の運命が一変したのである。

帰国後の亮一は、会社の配慮を得ながらしばらく勤務を続けたが、一九一九年（大正八年）の歳末に再び倒れて、神奈川県平塚の海辺の「別荘」と称する療養所に、みつと二人の娘とともに移り住んだ。長男は東京のみつの実家に預けられたまま小学校に通い、週末になると一人で家族を訪ねることになっていた。

一九二一年（大正十年）四月十三日に三十八歳でその人生を閉じた亮一は、平塚で過ごした一年有余の間、病床にありながら高浜虚子《たかはまきょし》の門下になり、新聞の俳句欄に投稿していた。小さなノートにびっしりと書かれた習作は五千数百句に及んでいて、歳時記をほぼ一巡する句作を辿って行くと、四季折々の日本の自然や身近な情景の間に、壮絶な闘病と介護の生活が垣間見られる。

そして不思議なことに、五千数百句の中に、ドイツに関するものはほんの二、三句しか見つからない。あまりにも輝かしい思い出だっただけに、かえって振り返るのがつらかったのだろうか。それは、みつにとっても同じ思いであったにちがいない。

一九二一年（大正十年）四月十三日、父危篤の知らせを受けて東京から平塚に駆けつけた長男の正己は十一歳だったが、枕頭で肩を寄せ合って泣いている母と妹達の間に自分も入って一緒に泣きながら、この家はこの先いったいどうなるのだろうと思った、と後年語っている。

けれども、みつは実は男勝りに頭の切り替えの出来る人だった。華奢で病弱な体に似合わずいざというときに驚くような決断力と行動力を発揮出来る人だった。夫の死後は、実家が経営する家作の管理を手伝いながら、その一部屋に子ども達と暮らした。その点では、世間にはもっと不遇な母子家庭がいくらもある中、恵まれていたと言える。したがって、まだ三十歳を過ぎたばかりだったから、再婚や就職の話もないではなかったが、耳を傾けず、ひたすら三人の子ども達を育て上げることに力を注ぐことが出来たのである。

私が結婚して、夫の両親と祖母みつと、同じ屋根の下で暮らし始めたとき、家の中にドイツ関係の物品は一切見当たらなかったし、ドイツのことが話題になることもなかった。祖母は自分の夫のことや、ましてドイツ留学について、ほとんど語ることはなかった。少なくとも表向きには過去を断ち切る決心をせざるを得なかったのだろう。

亮一の留学日記には、彼地で本を片端から買い求めている様子が認《したた》められ、帰国の頃には相当な量になるだろうと書かれている。が、私が見る限り、家の中にはドイツ語の原書はおろかドイツ語の辞書も全く見当たらなかった。私の実家のように米軍の本土空襲で丸焼けになったわけでもないのに、そのように人の目に触れるところに亮一の留学の痕跡がなかったのは、今にして思えば不思議なことだった。

が、そんな中で、唯一の形見とも言える留学日記「獨逸だより」と、消印が押されていないのも合わせると二千枚以上にも及ぶドイツの絵はがきが、みつの居室の押入れの奥深くに仕舞われていたのだった。

すんでのことでみつの柩に入れられて灰燼に帰するところだったそれらが、どの程度の史料的価値があるものかは何とも言えない。所詮ただの市井人である亮一とみつの思い出の品に過ぎなかったのかもしれない。

しかし、たとえそうであっても、あの時代の熱気が記録されたものであれば、そしてその熱気が歴史を動かす力のごく一部にでもなっていたとしたら、やはり一つの史料と考えてよいだろう。

そう思って、本編では「獨逸だより」の後半部分、すなわちゲッティンゲンからライプツィヒに向かった亮一のその後の足取りを追うことにするが、その前に、百年前に書かれた祖父の私的な日記をあえて活字にして世に問う価値として考えられることを、もう一つだけ次章に書き加えておきたい。

第四章　二つの実況記録

「決闘」の絵はがき

絵はがき通信

一九一〇年（明治四十三年）九月、明治生命保険会社（当時の名称）の社員髙辻亮一《たかつじりょういち》は、ドイツの保険事情を調べるため、単身ドイツに渡った。

その前年に結婚して新宿の角筈《つのはず》に新家庭を持った亮一は、年が明けると早々に転勤先の沼津に臨月の妻とともに引っ越した。その四日後の一月十九日に長男の正己《まさみ》が誕生、陽光の地沼津で親子水入らずの楽しい毎日を過ごしていたが、それも僅か半年余にして、突然の社命により妻子を日本に残したまま三年の予定で留学することになった。

一家は夏の暑い盛りにいったん東京に引き上げ、妻みつの実家のある牛込区東五軒町の近くに仮住まいしながら、渡航の準備や挨拶回りをすませた後、国元の大坂（当時一般市民はこう表記したらしい）に向かった。

亮一の実家は南河内《みなみかわち》の菅生《すごう》天満宮で、代々神職を務めていたが、亮一は長男でありながら跡を継がずに、進学のため故郷を離れたのだった。このときの帰省では卒業した地元の黒山小学校で演説させられたことを、ちょうど一年後に思い出してみつ宛のはがきに書いている。言わば錦を飾っての帰郷だったのだろう。

そして九月十七日、米原駅で妻と正己（八ヶ月）に見送られた亮一は、敦賀港から船で浦塩（ウラジオストーク）に渡った。亮一二十七歳、みつ二十歳の秋だった。

浦塩からモスコーに至る十昼夜のシベリア鉄道の旅は、日本人四名が一室を占領する気楽な旅だったが、亮一はその初日からほとんど毎日のように絵はがきを内地のみつに書き送っている。

おそらく内地にいたときも、会社から帰ると一日の出来事を細大もらさず妻に話して聞かせていたのだろう。また、みつの方もその日の出来事、特に正己が生まれてからは、日々の成長を事細かに報告し、亮一もそれを喜んで聞いていたにちがいなく、いかにも会話の多い賑やかな家庭だったことが想像される。

絵はがきに書かれた内容は、たとえば、途中ハルビン駅に停車したときは、「伊藤《いとう》公遭難の地とて感慨無量」と記している。暗殺事件から一年もたたぬときだったから、印象も生々しかったと思われる。

また、モスコーの市内を案内してくれた「朴君《ぼく》」という朝鮮人が、とある寺院の鐘をヨーロッパ最大と紹介した後、「アジア州最大の鐘は日本にある、どこかご存知か」と問い、誰かが「知恩院ではないか」と答えると、「ちがいます。京城にあります」と言ったので、一同喝采し、握手し合ったと書いている。まさにこの年は日韓併合の年だったのだ。事の是非はともあれ、市民感情はこうしたものだったのだろう。

さらに遡れば、当時の日本は日露戦争の戦勝国として世界中から注目されており、汽車が着く先々で「ヤポンスキ、ヤポンスキ」と言ってじろじろ眺められた。特に、モスコーでシベリア鉄道と別れてドイツに向かう途中、ポーランドのワルシャワに停車したときは、住民の熱烈な歓声が上がったと書いている。留学生達が、戦勝国の沽券を守るべく肩肘張っていた様子は、その後の日記にも書かれている。

かくしてモスコーからワルショー、ベルリンを経て、最初の留学地ゲッティンゲンに到着、「四十三年十月四日夕五時三十八分、小雨に濡れつつ単身此地に入る」と絵はがきに記している。

ゲッティンゲンを最初に選んだ理由は、先にも書いた通り、保険法の世界的権威であるエーレンベルヒ教授の指導を受けるためだった。ところが同教授は翌年度からライプツィヒ大学に転任（栄転）することが突然発表されたので、亮一も急遽春までにライプツィヒに移ることに決めた。したがってゲッティンゲンは僅か四ヶ月の短い滞在となったが、その間下宿していた家庭では家族の一員のように遇された。

下宿の家族は、元裁判官のリンテルン氏とその一人娘で寡婦のパイネ夫人（三十二歳）と二人の子ども達（小学生のウィルヘルムと幼稚園児のルイゼ）という構成で、その日常生活は質素な中にそれなりの格式や伝統が守られていた。そのようなドイツの地方都市の市民の生活（衣食住、日常のしきたり、子どもの教育など）を親しく見聞しながら認《したた》めた絵はがきが、次々みつに宛てて送られている。

また、当時ゲッティンゲンには十四人の日本人の留学生が滞在し、始終集まっては賑やかに愉快に過ごしていたが、彼等の動向についても、絵はがき通信に詳しく書きとめている。

たとえば、彼らは内地から送られてくる新聞（萬朝報《よろずちょうほう》や朝日新聞）や雑誌（「ホトトギス」など）を仲良く回し読みしていて、当時日本国内を騒がせていた大逆事件や千里眼事件などについても盛んに話し合っている。

千里眼事件については、百年後の今日再び注目されているように、明治以降の日本の科学思想史の流れを方向づける事件だったという見方もあり、ヨーロッパに滞在していた日本人留学生達がこの問題をどうとらえていたか、彼らの言動を通して考えるのも興味深い。

ちなみに、明治時代の日本の医学界で心霊研究をしていたのが、渋江《しぶえ》抽斎《ちゅうさい》の長男の渋江保《たもつ》なのである。鷗外《おうがい》は夙《つと》にそれを知っていた筈なのだが、著書『渋江抽斎』ではそのことに触れていない。

決闘見物と音楽会

それはともかく、亮一はゲッティンゲンで迎えた一九一一年（明治四十四年）の元旦から、それまでの絵はがき通信とは別に、新たにドイツ製のB六判のノートに日記をつけ始め、それをばらしたものを妻のもとに次々に送るようになった。

前著『ゲッティンゲンの余光』では、それらを可能な限り原文のまま紹介することを試みたのだが、その中で、珍しい記録として最も多くの熱心な読者を得たのが、亮一が寅彦《とらひこ》と連れ立って見物した決闘大会の一部始終だった。

ドイツの大学生の間で伝統行事だった決闘は、当時すでに法律で禁じられていたものの、地方ではまだ非公式に行われていて、警察も目をつぶっていたのである。

二月の土曜日の朝早く、寅彦と亮一は市役所裏の「鵞鳥《がちょう》娘の噴水（Gänseliesel）」の前で待ち合わせ、馬車で郊外の決闘場に赴いた。「鵞鳥娘の噴水」は、今では世界的な観光名所になっているが、そのときは作られてまだ十年もたっていなかった。

亮一の日記には、決闘場に到着して、一通りのイヴェントを見て、係の学生の説明や接待を受けて挨拶して帰るまでの一部始終が、まるで実況中継のように認められている。

帰り道で歩きながら交わした寅彦と亮一の会話の感じでは、無論彼らは学生の決闘を、自分達が学ぶべき先進国の文化とは思っていない。むしろ当時の日本人が一日も早く忘れたいと思っていた日本の封建時代の蛮行と同一視している。

それでも亮一には、いくらか珍しいもの見たさ恐いもの見たさの気持ちがあったかもしれない。だからこそ、あのように克明な記録を書いたのだろう。

しかし寅彦の方は、途中で顔を背けたくなるほどの嫌悪を感じたようだ。

寅彦の出身地高知には、江戸時代から、同じ武士でも出自の違いで上士と下士という厳しい格差や理不尽な差別があった。寅彦の父は下士の出身だったが、彼の弟が十四歳のとき、上士と下士の争いの場に、たまたまほかの大人と一緒に居合わせたというだけの理由で切腹を命じられ、兄である寅彦の父が介錯したという、暗い家族の歴史を寅彦は負っていた。

寅彦研究家として知られる故太田文平《おおたぶんぺい》さんは、「獨逸だより」の決闘の記事の行間から、そういう背景や寅彦の心情に思いを馳せていらっしゃった。

ちなみに、森鷗外《もりおうがい》がドイツに留学したのは、寅彦や亮一よりも四半世紀も前のことだが、そのときに書かれた『独逸日記』の中にも、ミュンヘン近郊の小村で大学生の決闘を見聞した体験が、亮一の日記ほど詳しくはないが認《したた》められている。すなわち、

（前略）城を距《さ》ること未だ幾《いくばく》ならず、ヘルリイゲルスグロイト村を得たり。河畔の小村落にして、一酒家あり。その小亭に外科器械繃帯及び格闘に用ゐる武器を備へ、闘場を程近き丘上に設けたり。亭と闘場とに往くには、林下の小径《しょうけい》を過ぎざるべからず。この径《みち》には一学生ありて来者を誰何《すいか》す。蓋《けだ》し警察吏の闖入を防ぐなり。そもそも独逸の国法決闘を厳禁して、而して実は随所にこれを行ふものは、官黙許して問はざることの致す所なり。（中略）闘場には大学生数十人叢立す。中央に闘者対立す。各一介者 Sekundant あり。闘者の物の具附けたる様また奇怪なり。（中略）介者は大庇の帽を戴き、闘者はその頭を露せり。腹巻は上胸に及べり。介者は大なる領 Crawatte を纏へども、闘者は革帯の広きを幾重ともなく頚に巻き附けたり。腕は肩より以下一面には之を包み、手には革の手袋を穿てり。その他大なる眼鏡を以て目を障ふ。鏡は望遠鏡の如き筒を備へ、硝子は嵌せず。逆上して面色朱の如き闘者がこの眼鏡を掛けたる様は、恰《あたか》も新に釜中より出でたる章魚の如くなり。介者は号令す。構へよ Auf die Mensur! の語にて刀を交へ、撃て Los! の語にて揮い、止めよ Halt! の語にて止む。二三度刀を打ち合はする毎に休憩し、刀の屈曲せるを撓め直す。この役は闘者の右に在る者これに任ず。介者は左に在り。休憩を除き、十五分にて闘止む。互いに握手して和を講ず。（中略）この日十数対の闘あり。（後略）

亮一の日記に書かれたゲッティンゲン郊外の決闘の記録は、台詞《せりふ》やイラスト付きのさらに詳しいもので、当時の絵はがきも何枚か添えられている。鷗外の描写と対照しながら読むと面白い。ちなみに、鷗外の『独逸日記』は、事情あってしばらく公表されず、活字になったのは一九三七年（昭和十二年）のことだったので、当然亮一達は読んでいない。

実は、『ゲッティンゲンの余光』を書き下ろしたとき、量が多くなり過ぎたので、決闘の部分の引用を削ることも考えたのだが、皆に反対された。他を削っても決闘だけは残せ、と。その部分を活字にするだけでも、本を作る価値があるくらいだ、と。

本を書く意義は、案外そんなことに尽きるのかもしれない。

しかし、そうだとしたら、これから書こうとするライプツィヒ篇にも、ゲッティンゲンの決闘に匹敵する実況記録がある。それは、亮一が友人に誘われて出向いたライプツィヒの音楽会場ゲヴァントハウス（二代目）で催されたコンサートの詳細な一部始終である。

私は、西洋音楽の中でも特にオーケストラが大好きなので、亮一の日記の中に、今では伝説的な指揮者と言われるアルトゥール・ニキシュ（一八五五—一九二二）が指揮するゲヴァントハウス管弦楽団の演奏会のイラスト入りの克明な記録を発見したときは、これこそ西欧の文化との出会いを象徴する大事件だと思って興奮し、この部分だけでも活字にして後世に遺すべきだと思ったのだった。実際そのとき、「音楽会」の部分だけ拡大コピーして小冊子にして楽友達に見せようとしたくらいである。

その詳細については、そのための章を別途設けることにして、次章では、いよいよゲッティンゲンの仲間に見送られて車中の人となった亮一が、途中ハレ、アイヘンベルヒで汽車を乗り換え、車窓から見える広々とした野原、少しずつ青くなり始めた麦畑、ゆったり回る風車などを眺めながら、ついにライプツィヒ駅に到着したところから、日記の抜粋を引用しつつ話を進めたい。

第五章　ゲッティンゲンから ライプツィヒへ

正面から見た 1911 年当時のライプツィヒ中央駅
後ろ側で大規模な工事が行われていた。

規則と契約

〈一九一一年〈明治四十四年〉三月一日の日記〉

四時二十七分、ライプチヒのステーションに着く。赤帽に荷物持たし、馬車をあつらえる。しばらく走ると下宿に着いた。御者に一、五〇払って、荷物を持って上がれというと、それは禁じられているとのこと。月沈原《ゲッチンゲン》を出るときも、馬車が来て黙って下で門の前で待っている。上がってこない。十時半と注文したから、こちらに通知はせずともよいのであろう。ちゃんと御者台に腰を掛けて、たずなを持ったまま雨に濡れて待っているのには少々驚いた。尤も待っているとその間待金がとれる。賃銭はちゃんと車の横の方に自然に表われるようになっている。走っていると十二文ずつ増えてゆく。荷物があれば荷物の重さだけの値が前に出る。待賃も同じく時間により独りで表われる。よけいに請求することができぬから、吾々外国人には殊に都合がよい。馬車のことはこちらではドロシュケと言う。元はロシアの詞《ことば》だそうだが、今はドイツ語になっている。満州でもドロスケと呼んでいる。

亮一《りょういち》は、先進国ドイツの社会が規則と契約で成り立っていることをあらためて思い知らされた。

これが日本であれば、落語や講談に出て来るような人情や融通が効くところだろうが、ここではそういうものが入り込む余地はない。

ただし、このことは亮一が書いている通り、ライプツィヒ以前に、すでにゲッティンゲンでも同じことを感じているのである。

後日亮一が書いた日記に次のようなくだりがある。ライプツィヒ市の中枢部にあるアウグストゥス広場を独りで散歩したときのことである。

広場の入り口にこんな掲示があった。「乳母車を引き入れること無用。犯すものは六十マルクの罰金又は十二日の拘留に処す」と。たぶん広場を大切にする為であろうと思う。独乙《ドイツ》人は何でもやたらにべた〳〵書きつける癖がある。汽車の便所に入っても、分り切っているのに、ここに水、ここに手拭、このねじを右に回せ、使用済の上は水を流せ、などどこまでも書きつける。町の名でも角々や急所々々によく分るように緑色（るり色）の金に白い字で書いてある。広場の如きも、ここは何という広場と必ず書いてある。建物の如きも、裁判所とか、大学とか、尽く書いてある。勝手の分らぬ者にもすぐ分るように、まごつかんでよい。きちょうめんな国民である。あまりきちょうめんで実に神経質だと思うことがある。

面白いのは、これとまったく同じ趣旨のことを、寺田《てらだ》寅彦《とらひこ》が、ベルリンから内地に書き送った手紙の中に次のように書いていることである。

獨逸人はとかく綿密家が多くて、念に念を押す流儀にて、例へば何にでも張り札をして誰が見てもわかる様に致し置き候。例へば汽車に乗りても、此窓をどうしてあけるとか、此処を押すとどうなるかとか一々張り札がしてあり、二等客車は此の辺にとまるとか一々掲示がしてあり候。品物でも、使用の目的が書いてあり、例へば便所の掃除をする刷毛の柄にでも、此れは便所の箒だと書いてある様にて、あまり手が足りすぎて滑稽なことも有之候。

ゲッティンゲンで出会った寅彦と亮一が、規則や契約を条文化してそれを厳守するドイツ人の国民性について話題にしていたことが推測される。また、そのとき寅彦はすでにベルリンで二年近く生活しているので、寅彦の方から先に言い出した話と考えられる。ただし、寅彦は別のところで、そのような過剰なまでの綿密さが西欧の自然科学の発展に寄与しているとも書いている。

亮一の方は、別のところで次のような観察もしている。これはライプツィヒの市内を散歩中、公園を歩きながらの述懐である。

凡て「樹木折るべからず」とか「手を触れるべからず」など書いてないのは、公徳の進歩してる証拠であって心持がよい。博物館のようなものでも「手を触れるべからず」などは少しも書いてない。草花などもすぐ取れるようになっているが、子供と雖《いえど》も手をつけないのは感心である。

そのように、公徳に関しては一々条文化せず、良心に任せている。もしかして、「神様が見ている」ということなのだろうか。そのように、ゲッティンゲンからライプツィヒに来た亮一は、これからさらに、ドイツ特有の国民性や文化との出会いを積み重ねて行くのである。

ライプツィヒは当時も今も、ドイツ有数の都会である。ゲッティンゲンが、伝統こそあれ地方の小さな学園都市であるのに対して、ライプツィヒは商業都市として栄える都会であり、西欧の近代国家について学ぼうという亮一達の本来の留学目的に適った土地だった。亮一が一日も早くライプツィヒに向けて出発したいと日記に書いていたのも頷けることである。田舎から都会へ、というベクトルの方向は、郷里の南河内《みなみかわち》を出奔したときから変わっていなかった。

他方、寺田寅彦は、留学の最後にベルリンという都会からゲッティンゲンに来たときに、田舎の雰囲気にほっとしたという感想を述べている。彼は高知出身と言っても、軍人だった父親の関係で、東京で生まれたり、名古屋で暮らしたりという経歴を持っていて、幼い頃の銀ブラの思い出を随筆に書いているくらいである。したがって、彼の場合はベクトルの方向が必ずしも亮一のように一方向的ではない。特に、ゲッティンゲンで二人が出会ったときは、むしろベクトルの方向が反対だった。その意味でも、二人は出会いながら同時にすれちがっていたのだ。

それはさておき、ここで話を元に戻すと、ドロシュケの御者に断られた亮一は致し方なく重たい行李やかばんその他を持って建物の階段を上った。ライプツィヒの下宿となるシュレーダー家の住所は、中央駅から北西に向かって徒歩十分のフンボルト通り十番地の三階である。

（日記の続き）

三階に着いてリンを押すと、女中が出て来た。案内さして部屋に入ると、どん〳〵暖かにストーブが燃えている。やがてかみさんがやって来て、行李が二つ届いていますと言う。何分よろしくと頼む。食事の時間、便所のありかなど一々説明してくれる。やがて早速荷物ほどきにかかる。片付が終わったのは六時過ぎであったと思う。（中略）外は雨が降り、風もまじっている。窓から見ると、向いの家は五階作り。馬車の中から見ても、凡て五階作りであった。僕の上にはまだ二階あって、住んでいる人もあるのだが、一向音もしない。又家は、家と家との間にすき間がなく、皆続いて建ててある。大きな町は皆そうである。道はアスファルトで敷きつめてある。丁度鏡のようにキラ〳〵して、姿が映るようである。両側の人道だけは、大なる石（細長い半畳くらいの）で敷きつめてある。車道は、馬車が通ってもゴム輪でもあり、鏡のような道なので、音がしない。中々ぜいたくなものだと独り感心する。（中略）七時半にかみさんが戸を叩いて、どうか来て下さいとどなった。食堂に入ると、娘とも一人の女がいた。食後娘はすぐに去った。も一人の女とかみさんと、三人で話する。ライプチヒの人口は五十二万あるとか、東京は二百万で世界第四の都だとか、独乙《ドイツ》の食べ物はうまいかとか、色々のことを聞かれた。結婚をしたこと、子供のあること、年、商売、ありとあらゆることを聞かれた。少々めんどうになったから、あべこべにこちらから色々聞き出した。かみさんが大坂、京都などという名を知っていたのにはおどろいた。まだ独乙に来て間もないというのに大変よく話が出来るとて二人でさんざほめてくれた。今日は疲れているからとて間もなく引き去る。九時半床に入る。随分眠かった。すぐ寝入ってしまった。

ライプツィヒ中央駅の裏側（工事中）

異文化体験

ゲッティンゲンのような地方の小都市からライプツィヒのような都会に転じた亮一が、どういう感慨を持ったかを、本当は私も自分自身で体験して確かめたいのだが、残念なことに今はただ、金魚鉢の金魚がいきなり池に放たれたような感じだったのだろうかなどと想像するばかりである。

当時の絵はがきを見ると、まず到着したライプツィヒ中央駅は、まだ建設中だったが、その大きさに圧倒されたにちがいない。同駅は四年後の一九一五年に完成、現在でもヨーロッパ最大の駅である。

日記を読むと、市街地のアスファルトで舗装された道路が「人の姿が映るくらいきれい」なのに驚き、その道路を路面電車が縦横無尽に走り回るのに目を奪われている。

そのように、「獨逸だより」のライプツィヒ篇には、ゲッティンゲンよりもさらにスケールの大きい未知の文化や文明と出会う体験が綴られている。それは、先進国の文明と伝統ある文化の両方に対する驚きや感動の記録であり、一言で表せば「異文化体験」の記録である。

そして、その中で私にとって最も興味深くまた亮一自身も衝撃的な体験として書いているのが、前章でも予告し本書の副題にもしているライプツィヒの音楽会場ゲヴァントハウス（日記には衣裳座と書かれている）でアルトゥール・ニキシュの指揮するオーケストラの演奏を聴いた記録である。当時世界有数の指揮者だったアルトゥール・ニキシュは、毎年十月から翌年の三月にかけて木曜日毎に通算二十二回の演奏会を行い、それ以外は、世界各国を巡演していた。

ライプツィヒ市民は、その季節になると、通しの切符を買ってニキシュの演奏を聴くのを楽しみにしていた。亮一の日記には、当日の演奏はもとより、集まった人々の様子や、第二次世界大戦で破壊される前の旧ゲヴァントハウスのたたずまいについても、実況中継さながらに克明に認《したた》められている。

今では幻の指揮者と言われるニキシュをその場で聴いた数少ない日本人として、またそれ以前に、西洋の本格的なオーケストラと初めて出会った明治時代の日本人として、亮一はその感動をありのままに述べ、「音楽の力の大なることを初めて知った」と書いている。

亮一の場合、留学以前には、本格的な西洋音楽に接した体験はほとんどなく、むしろ日本の古典芸能、特に当時大学生の間で流行《はや》っていた歌舞伎の一幕見《ひとまくみ》や娘義太夫、さらに社会人になってからは能や謡《うたい》の趣味が専らだったので、幼い頃から自然に西洋音楽に親しんでいる昭和平成育ちの我々とはちがって、本場の大編成のオーケストラとの出会いは純然たる初体験だった。

そして、日記の中の「荘厳……天地の崩れるような……今にも気が狂いそうな……心が飛んでいくような」という感想は、次に来るべき出会い、すなわちドイツ精神の根幹とも言うべきキリスト教との出会いを予想させるのである。

西洋音楽と初めて出会った日本人、これはまさに異文化体験そのものではないか。

しかし、それについては後の章に譲り、まずはライプツィヒでの亮一の新しい生活について見て行くことにしたい。

第六章　ジーモント君

亮一が描いたチター（Zither）のイラスト

弱冠十九歳

ようやく待望のライプツィヒ入りを果たした亮一《りょういち》だったが、大学の夏学期が始まるのは二ヶ月近く先のことだったので、それまでは、市内散策や下宿の人々との会話で見聞を広めるしかなかった。

ライプツィヒの下宿では、ゲッティンゲンとちがって朝食も自室ではなく食堂に用意されていた。食卓の常連は、「かみさん」ことシュレーダー夫人という五十七、八歳の寡婦とその娘マルタ、隣室のジーモント君という若者、それに食事だけに来るビッジング嬢、ベーム嬢といった女性達、そのほかにミナという名の女中がいるが、それぞれの都合で居たり居なかったりする。たとえば最初の晩はジーモント君は外から招待されたとかで居なかったので、ジーモント君との初対面は翌日の昼食のときだった。

（三月二日の日記）

朝食後、七、八丁歩いて飽きたから引き返して無事帰る。すぐ昼飯。食堂に入ると、ジーモント君が食べていた。食事をやめて立ち上がり、「ジーモント」と言って挨拶したから、「ドクトル・タカツジ」と言った。「失礼ですが先に食べます。昼はどうも暇がありませんので」と言っている。すぐ食べてしまって出て行った。昼食はスープ、ジャガ、子牛の煮肉、煮菓子であった。例の通りぐるぐる回して取るのである。（中略）夕食。腸詰、肉片、バター、パン、コーヒー。女達は皆不在。音楽を聴きに行ったとのこと。ジーモント君と二人で食べた。昼は一寸初対面だけだったが、今夜は色々話をした。年はまだ十九というが、大変落ち着いたおとなしいまじめな男。たばこの大きな会社に見習に入っているとか。日本のたばこの話など僕よりもよく知っている。食後、私の部屋に来て下さいと言うから行く。音楽が好きだと言うと大そう喜んで、自分は飯よりも好きです、こういうものをやりますが、一つやって見ましょう、聞いて下さるかと言う。Zither（チター）と言うもので、日本字引には箏、二弦琴などと訳してある。糸は二十五本あってみな針金。クリスマスの贈り物にもらったとのこと。値段を聞くと、二十五マルク位でしょうとのこと。色々やって聞かせてくれた。短いものを十ばかりやった。忙しいので漸く四週間前からやりだした、ごくやさしいから一つやってごらんなさいとて聞かぬ。譜があるので、これを見てやる。存外簡単でやさしい。両の親指に爪をはめて、aを境とし、右手はb、左手はcの方をはじく。恋の歌、讃美歌など色々ある。僕がやると、中々うまい、も少し稽古すれば立派なものだと言う。実際あまりむつかしくなく、一寸風琴のようなもので音は決っているのである。只、間をよく取ればよい。それから両手を一度に使うので一寸面倒だが、大したことはない。ジーモント君の上手なのをほめたら喜んでいた。彼は先ほど父に死なれたとて、その話をする時は沈んでいた。この次の日曜日に一緒に教会に行く約束をした。ライプチヒに来てもう二年になるとのこと。部屋は僕の部屋よりも少し大きく、きれい。道具も多い。相当高いだろうが、何しろ月給もまだ取れまいから、親の遺産でやっているのだろう。机の脇には大きなガラス瓶に魚を飼ってある。小さいのや大きいのが色々居る。なまずのようなのも居る。藻を入れてきれいにしてある。食べ物は肉をやるとのこと。この男ふつうの商売人ではない。音楽もやり、又、こういう魚を飼ってみるとかいうような道楽的なことをやる。心に余裕があるが、道理で年の割にまじめで落ち着いていると思った。日本人の中には彼の年でこのくらい落ち着いた出来る人は少なかろうと思う。

（三月三日の日記）

夕食後、暫時話をして、又ジーモント君の部屋に入り、チターを習う。今夜は大分上手になった。錦絵一枚、絵はがき（木版の）二枚やると大喜びだった。明夜は土曜だから寄席にでも案内せんと言っているので、一処に行くことにした。

バッテンベルヒ

（三月四日の日記）

Ｓ君（ジーモント君のこと）が七時に帰るので、僕も洋服を着換えて食堂に入ると、かみさんのいとこだという六十近い老人が来ていた。「ゲハイムラート［註・高級官吏に与えられる称号、ゲッティンゲンの下宿のリンテルン老人も元・裁判官のゲハイムラートである」だとのこと。日本のことなど話しながら食べる。魚の煮こごり、肉片、パン、茶。間もなく八時になりかけたので、食事を早くすませてS君と出る。S君は大変しゃれた風をしていた。電車の来るのを待つ。乗って二人並んで掛ける。S君は左に、僕は右に掛ける。S君は僕を尊敬して、いつも僕の左にすわり、散歩のときも左に立つ。

このような並び方における左右の格付けは、西洋では伝統として今でも守られているようだ。王室の写真などを見ると、右に国王、左に王妃が定番だが、イギリスのように女王と夫君である場合は男女が逆になっている。日本の場合はどうかというと、お雛様の並べ方は、平安時代からの伝統では、男雛が左、女雛が右と決まっている。それが明治時代になり、西欧に倣って天皇が右に立つようになった。平成の即位の礼でも然りである。今日では、民間の家庭でもお雛様の並べ方はどちらが正しいのか両論がある。

別の日の日記によると、S君は夕食のときに亮一に食卓の作法を教えてくれた。食卓に着くときは、主婦またはその代理人が来るまでは席に着いてはならない。なるほど見ていると、かみさんか娘が来るまでは、皆めいめいの椅子のところに立ちながら話をしている。大きな宴会では主人または主婦が、常に基準になるのである。

亮一は、S君がまだ若い見習い社員なのに、そのような伝統的なマナーを重んじ、趣味も豊かであることに、人間としての余裕を感じている。S君はまじめで勤勉な社員でもあり、日曜日には教会の礼拝に出席している（サボることもあるが）。

ここで、折角なので、二人が楽しんだ寄席の模様を日記から引用すると、

寄席はバッテンベルヒ（Battenberg）という名で、大きな建物。入り口の戸を二つあけて入ると切符売場あり。値段書きと売れ残りの場処と番号が書いてある。一、二五だして右のうづらを買う。入ると人はもう一ぱい。幕があいていた。席はずっと前の方の第一号の机であった。例によりS君は僕の左にすわる。高土間で場が高いので、土間の人を見下ろすことが出来る。家は丁度市村座位の大きさ。但し二階の席はずっと高くなって内地の桟敷よりははるかに高い。正面桟敷の後ろの方に立見のような処があった。一番安い処だとのこと。一番高価の席は四マルクとしてあった。見物は皆で二千人以上は居たろうと思う。外套、帽子を椅子にかけて腰を掛ける。S君がビールを命じた。「ご健康を祝す」と言って一寸カチンと当てて飲む。平土間の前の方をずっと低くして、ここに楽隊が廿人ばかり居る。隊長は舞台の方を向いて小高き処に正面に腰を掛けて棒を振っている。楽隊の連中は一夜に五マルク乃至《ないし》十マルクをもらうとS君の話。入ったときは一人の紳士のような男がシャレのようなことを言っている。話かと思うとすぐ楽隊につれて歌のようになる。知らぬ間に話になる。発音はよいし、音楽はよいし、誠にいい心地がする。二、三番やって入った。パチ〳〵と拍手をすると幕が上がって方々を見てお辞儀する。幕が下がる。拍手がやまぬ。幕があく。お辞儀をする。拍手がやまぬので、更にも一、二演奏をやる。その次には曲芸。こうもりを持って来て舞台を歩き回る。フロック

を着た立派な好男子。するとこのこうもりを立ててその上に逆立ちをする。左の手をはなす。即ち右の手一本でこうもりの上で逆立ちするのである。実にえらいことをする。そこへ道化役の滑稽が出て笑わす（間々に）。たとえば鳥の尻から玉子の出かかった飾りをつけた帽子を着て、女のまねをする。顔は馬鹿のように作ってある。見物はわけもなく喜ぶ。凡て道化はあっさりとして面白いようだ。次に大小の男六人出て、肉じゅばんを着て色々の芸をする。一人が逆立ちすると一人がその足の上に立つ。その上にまた一人駆け上がる。又はあおむけに二人寝て、人間のやりとりを足でする。足から足へわたる間に二度位くる〳〵と回る。千変万化《せんぺんばんか》の不思議なことをする。到底日本ではこんな芸当は見られぬと感心する。その次は女が三人出る。廿から十五、六歳くらいに見ゆるが作っているのだろう。上は裸で下はゴムの銀色の股引をはいている。遠くから見るとほんとの肌のように見ゆる。又はきれいな灰色のチョッキのようなものを着、脇の下を隠し、下の方はさるまたのようになって、またの処はふんどしのように隠してある。上から三本のひもがかかっている。色々のことをやったが、一人の女がひもに（二間ほど高い）片足かけて下がる。そして口に綱をくわえる。この綱に二人の女がぶら下がって、三人で笑い顔をして回りながら（ひもが回る）色々の形をする。誠にきれいで、裸同然でもいやな感じが起らぬ。又一つはからだがいかにも立派ですらりとしているから、只いい感じがするのみでいやな感じが起らぬのだと思った。次に力の強い男が出て力仕事をする。七人の男がやっと吊し上げた大砲を、額の上にのせて二分間ばかり立った。又屋根裏から樋のような中を大きな丸い鉄丸をふらし、これを首すじで受ける。廿くらい続いてくるのを平気で受ける。普通の人は両手でも上げることが出来ぬ位重いのである。お道化の馬鹿が出て、合間々々に滑稽をする。中々その風が上手だった。百人相というようなのが出る。ナポレオン、ビスマルクその他古今の偉人の風をして見せる。ひげやかつらや服を換えて、手早に手ぎわよく見せる。大喝采で三度余興にやらされた。その次に活動写真がある。消防演習を写したもの。中々敏捷に高い屋根に上がる処など見事だった。その次にこっけいな活動があって、はね。幕の合間々々には白い幕を出して、灯を消して、方々の店の広告を写し出す。色々の色でうまく出来ている。中には活動写真のように動くのもあった。たいてい三分位で消えて、次のが出る。休みの間に飽かぬ工夫と広告の工夫とはよい考えだと思った。休みの時は、音楽が愉快な楽を奏する。正《まさ》己《み》が居たらばとは、絶えず心を離れぬことであった。出口は一処である。尤も広くは出来ているが押し合うようなことはない。静かに順列を作って出る。下足札などというようなことはなく、こうもりも持って入るから非常に出るときに便利である。出ると十一時十五分だった。雨がしょぼ〳〵していたが、少し歩こうとてぶら〳〵歩く。雨にかかわらず人出が激しい。コーヒーでも飲もうかと言ってみたが、S君はもう遅いからと断わった。十二時半過帰宅。握手して部屋に入る。やがて戸を叩いて「明日は雨だったら教会はやめます。少し鼻風邪を引いていますから」と言っていた。これは八時に起してくれと頼んであったからで、「雨だったら起しませぬよ」と付け加えていた。すぐ床に入る。

（翌日の日記）

朝の八時にS君が戸を叩いたから起きようとしていると、「今雨が降って来ましたから教会はやめましょう。ゆっくりお休みなさい」と言うたから、眠い処だからいい気になり、ぐうぐう寝た。

亮一は元々早起きが苦手なのである。そのため、ゲッティンゲンでもパイネ一家からたびたび日曜日の礼拝に出席するように誘われたり勧められたのに、とうとう一度も実現しなかった。

（日記の続き）

朝食後、S君の部屋に入る。昨日の寄席の勘定をS君が出してくれたので払う。二人分払おうとすると、それはいかぬ、半分でよいと聞かなかったが、無理に取らした。女中が僕の部屋を掃除中なので、しばらくS君の部屋で遊ぶ。葉巻を一本のめとてくれた。この間から五、六本もらった。S君はたばこ会社に居るので、只で持ってくるらしい。部屋の掃除がすんでS君の部屋の掃除になったので、僕の部屋に二人で入る。S君は沢山の葉巻を持って来て説明した。九十幾種とかの形があって、一々一寸見てこれはどこのたばこということを見分けねばならぬとのこと。S君は、来年秋からフランス、イギリスを一年ずつ回る。支店があるので。S君は、英、仏、ラテン語をよく話す。

このように、弱冠十九歳の見習い社員のジーモント君が、仕事の面でも、趣味や教養の面でも、日本の同世代に比べて豊かで充実した生活を送っていることに亮一は感心している。先進国の条件の一つは市民生活の成熟であることを、ジーモント君との出会いによって学んだと言えよう。亮一が元気に帰国して日本の財界のリーダーになっていたとしたら、日本の企業の若い従業員がもっと文化的な生活を送るべきだと提言したかもしれない。

第七章　シュレーダー家の食卓

「夜狩」の絵はがき

ザクセン気質

ライプツィヒの下宿は三食付きで、家族や同宿の仲間と食卓を囲みながら会話し、それがドイツ語のレッスンにもなるという点では、ゲッティンゲンのときと同じだった。

ただし、ゲッティンゲンでは、若くして夫を亡くしたパイネ夫人が、元裁判官でゲハイムラートの自分の父親と同居して、その年金を頼りに二人の子どもを育てながら、留学生相手の下宿を始めたばかりだった。お嬢さん育ちでまだぎごちないところがある「夫人」ことパイネ夫人に比べると、ライプツィヒの「かみさん」ことシュレーダー夫人は、年の頃も五十七、八歳、外国人を扱い慣れているかなりのベテランである。

亮一《りょういち》の日記の言葉を借りると、「かみさんは誠に上品な親切な愛嬌者、外国人の取り扱い方が上手」である。娘のマルタと二人暮らしだが、マルタは亮一の初対面の印象では、「廿三、四歳か、容貌は表情がなく傲慢らしい顔つき。四月とか五月とかに結婚するということだが、あれをもらう奴がいるとは情けない。新婚旅行はどこへ行くなどと喜んでいる」などと書かれている。

ただし、この印象は、日記の途中からかなり良いほうに変わって来る。第一印象というのは当てにならないことがあるが、特に外国人同士だとそうなのだろう。

（三月五日の日記）

夕食後、かみさんと娘と三人で話す。娘はナプキン（麻のきれ）をはさむ金の輪を持って来て、此れは友人が印度《インド》で買って贈物にくれたのだとて見せる。見ると真鍮で出来た輪で、おかめ、翁、ひょっとこの三つの顔を彫りつけて、脇に常近と書いてある。これは日本製じゃと言うと大喜び。珍しいから十年以上持っているが、誰に見せても分らなかったのが漸く分った、うれしい〳〵と喜ぶ。ジーモント君にやった画は実によいと非常にうらやましがるので、部屋に帰って持って来て一枚ずつやると非常に喜び、何度も繰り返して礼を言って握手した。それから木版絵はがき一枚やる。ほんとにもらってもよいのか、うれしい〳〵と踊らんばかり。彼らの物喜びのよいのにはまったく感心する。ほんとうにうれしいのであろうか。日本人はあれだけにどうしても表せない。色々説明してやる。他の絵はがきも見せた。例により奇問百出《きもんひゃくしゅつ》、面白かった。かみさんは当市の市《いち》の話をする。又、四十年前のフランスとの戦争の話をする。いつかゆっくりもっとくわしく話してくれと頼んで置いた。娘のマルタは、日本の切手があったら下さいと言う。丁度状袋に貼ってある二銭の切手をやると大喜び。私の「いいなずけ」にやるのですと言っていた。今に追々来るから来次第にあげると言うておいた。月沈原《ゲッチンゲン》で見た決闘の話をして聞かしてやると、二人共顔をしかめて身ぶるいするので面白かった。いかにも情を表わすことは上手で面白いから、も一度この情の表わし方を見たいと思い、日本の切腹の話をすると一層驚いていてふるえている。大いに面白かった。日本の「ハラキリ」という詞《ことば》を彼等はよく知っている。それから「フジヤマ」という詞も知っている。非常にきれいな山で世界一の美山だということ、いつも雪があるということも知っている。割合感心だと思った。明日は米を馳走すると言う。日本のは独乙《ドイツ》のめしよりもっとかたいと言うと、それではドクトルのだけかたくしてあげなさいよと娘が言う。画をやった効き目で大分話をするようになった。正直なものである。この先生の結婚式を一つ見ておきたいと思って今からねらっている。

このように、最初は手ごわそうに見えた娘のマルタとも、だんだんと打ち解けて行く様子がわかる。亮一の社交性もあるが、昔からザクセン（ライプツィヒはザクセン州）の人は親切という定評がある。これは、ゲッティンゲンのパイネ夫人からも聞いていたことだった。シュレーダー夫人はライプツィヒで生まれ、方々歩き回ったが、結局この地におさまった。親類、知人が多いし、住み慣れたからここが一番よいと言っている。根っからのザクセン人なのである。

食卓の常連は、このほかに前述のジーモント君、食事だけに来るビッジング嬢、ベーム嬢、ほかに飛び入りのお客もその都度何人かいる。亮一は会話の練習も兼ねて、食後しばらくの間食卓で過ごすことにしている。「かみさん」と「娘」は、編み物、靴下のつくろい、ときにはミシンかけなどしながら、とにかく必ず何か手を動かしながら、話し相手になってくれる。日記の引用を続けると、

娘はちょこ〳〵とめしをすまして、すぐ編み物にかかる。中々上手だと世辞を言うと喜んで

いる。仕事をすることは大変好きだ。かみさんは、パンを切るのが実に上手で、これはほとんど感心する。パンは大きな鏡餅のような形をしている。さしわたしは一尺二寸（クジラの）〔註・鯨尺〕もあろう、これを立ててナイフで薄く五分位にすーっと切り、くるりと回しても一方をすーっと切る。切り損ないがないのみならず、その速いこと、実にあざやか。いつも感心してほめると、その筈です、もう何十年もやってるのですからと笑うのが癖である。

「かみさん」の座談

シュレーダー家の食卓は、「かみさん」を中心にいつも賑やかだった。話題は、さすがに女性が多いせいか、うわさ話、世間話、衣食住、ファッションの話が多いが、それでも中には書きとめておきたくなるような面白い話もないではない。日付は省略して抜粋すると、

昼食後、かみさんがズイッツル旅行した話、伊太利《イタリア》に遊んだ物語など聞く。不相変《あいかわらず》編み物をしている。ロシアの皇后は独乙の人で、母はイギリス人、いわば英と独のあいの子で、大のイギリス好きで、いつも英語ばかり話しているとのこと。昨年の夏から独乙に避暑に来る。何時殺されるか分らぬので（ロシアの革命党の為に）心配ばかりでも病気になりますわねと、かみさんの話。

昔の流行《はや》りの話が出て、かみさんの若い時には女が入れ毛と共に毛の上に色々の小さいおもちゃのようなもの、舟、鳥などといったものを飾りつけたものである、男の人もかつらをかぶってその毛が耳に沿うて五寸位垂れるようなのを、喜んでした、もっと面白いのは、女が色々の色のきれで鉢巻のように額を巻き、もみあげの処から赤い房など垂れたことがある、長い中には色々のものが流行ると言うている。マルタも僕も珍しそうに聞いた。日本のちょんまげの話をしてやった。たび〳〵剃るのだと言うと、独乙のようにはげ頭の多い処ならば剃る必要がなくて便利でしょう、と娘が冷やかす。

どこの国にも迷信があるが、独乙のような開けた国、繁華な都会にも迷信はあると見えて、先頃犬の肉が大変売れたそうな。これは肺病によいと言うので、又猫の肉は糖尿病によいと言うので、これも売れた。薬剤士はいい加減に豚の肉などを売りつけて金を儲けたとのこと。地震は鬼のわざだという迷信を、いつか月沈原の新聞で見たから、その話をしたら、恥ずかしいと言うていた。

そのほかにも、当時ベルリンを皮切りにドイツ各地やヨーロッパ諸国で上演されていた「タイフーン」という、日本人が登場する芝居のことが、三月十八日の夕食の食卓で話題になっている。

八時まで勉強。夕食。うどん、肉片。今夜当市の一小劇場にて「タイフーン」が演ぜられる。

これは日本の理学士が留学中のことを仕組んだものである。この脚本の説明などしながら夕食。

この芝居については、寺田寅彦《てらだとらひこ》もベルリン滞在中に耳にしていて、「主人公の名前がニトベ・タケラモ」と聞いただけで見に行く気がしないと、夏目漱石《なつめそうせき》に宛てた通信に書いている。日本人が強烈に戯画化されていて、当時の黄禍論《こうかろん》とも関連して注目を集めた。タケラモは、実は日本政府が派遣したスパイなのである。ただし、日本人の美点や長所がまったく描かれていないわけではない。「タイフーン」が当時ドイツ人や在留邦人にどういう感想を持たれたかは、これだけでは分からない。また、日露戦争のことが話題になったこともあった。

日露戦争の話をする。五月廿八日のバルチック艦隊を破ったことなど、くわしいことを知っている。新聞は当時毎日一ぱい戦争のことばかり書いた。初めはロシヤが大きいから無論勝つだろうと思っていたとのこと。ロシヤの今の天子が皇太子時代に日本に来て巡査に切られたことなど話してやる。

そして序《つい》でのことに、亮一のドイツ語の進歩を皆が褒めてくれている。

僕の語学は非常に発音が正しい、殊にヱル（r）という音などは非常に研究したもので、私などにもあなたのようには正しく出来ませんと、マルタがほめてくれた。かみさんも相槌を打って、ほんとにそうだ、これ迄に英、伊、瑞、米、仏と外国人ばかり十四、五人も世話をしたが、半年の間にあなた位に話せる人は一人もなかった。殊に発音の正しいのは感心する外ないと盛んにおだてる。お世辞と知りつつも悪い気持ちはしない。尤も僕は日本で独乙語を読むことを習ったから、いくらか早いかも知れぬと言うと、いくら本は読めても話は別だ、耳を慣らすことは実にむずかしいが、あなたは吾々の言うことがすっかり分るじゃないか、驚いた、と盛んにほめてくれた。大いに嬉しかった。僕は独乙を立退く前にフランス語を稽古したいと思っている。フランス語は下地が殆んどないと言うてもよい位だから一寸むつかしいだろうが、半年も習えばふつうのことは出来るだろう。英語はイギリスとアメリカを通るから独乙語と同様に十分にうまくなれるつもりである。

実に意気軒昂《いきけんこう》、大した自信である。当初の予定では、そのように英米を回って帰国する筈だったようだ。しかし、結果的にはドイツを離れる前に病に倒れ、毛布にくるまってシベリア鉄道で帰途についたことが想像されるわけで、いずれにせよ我々はその後事態が暗転したことを知るだけに、読みながらかえって辛い気持ちになるのである。

シュレーダー家の食卓は、その後も、かみさんの巧みな座談で毎夜楽しい時間を過ごしていた。たとえば、

かみさんの話。昔若い時分には、夜番があって、夜の十時から一時間ずつ町を回る。槍の先

に提灯をつけたものを持ってぶらり〱とどなりながら歩く。多くは老人で、泥棒など発見しても腰を抜かすような人物ばかりであった。歩きながらどなる詞は「皆さん〱今十時が打ちました。火の用心をして過ちの起らぬように」と言うので、この終りにプーとラッパを吹く。かみさんがその声色を使って節面白くうたって聞かしてくれた。しまいのラッパの音迄声色でやったので、一同大笑い。女中は田舎から来ているが、女中の里では今でも火廻り番があるとのこと。娘の懇望で、かみさんはも一度声色を使った。又大笑いした。日本では拍子木だが、こちらではラッパであるのが変ってる。

かみさんが昔子供のときにビスマルクを見た話をする。独乙皇帝が大演習の為に当地に来た時に、ビスマルク以下の群臣、親王、各国公使などが揃って来た。新劇場に一同臨んだ時に、父と共に行って見た。大変なものであったとのこと。それ以後皇帝は一度も来ないとのこと。

独乙が統一した国になった時は、まことに不便なことが多かった。従来の小さい王国が一つにかたまって一国をなしたのであるから、めい〱違った金、切手などを使ってる、習慣風俗も違う、汽車に乗って長旅をするには、自分の国でありながら何度も両替をせねばならなかった、と昔を思い出して色々説明する。S君曰く、今でも違った処は沢山ある、たとえばプロシャでは兵士の進む時は膝を高く上げるが、ザクセン（当州）ではさほど高く上げない、同じ国でありながら違ってるのはおかしい、どうしても一処にした方がよいと言うている。マルタは横から、統一されたる独乙と人が言うが、統一されざる独乙と言わねばならぬと言うていた。そう言えば今日、道で兵隊の一隊に会った。ブーカ〳〵ドン〳〵と誠に賑やかで、殊に太鼓の音が絶えずしてる。正己《まさみ》に見せたら喜ぶことだろうと思いながら、大ぜいの人と共に立ち止って見た。なるほど月沈原で見たのとは歩き方が違っていた。

再来年は記念塔［註・後出の戦争記念碑］の完成祝い、ステーションの完成祝い、博覧会など大変なことが沢山ある。定めし賑わうことだろうと娘の話。ステーションは出来上がればヨーロッパ第一だそうだ。世界第一のステーションはアメリカにあるのだとS君が言うていた。

そのように夕食後の団欒ではいろいろな話を聴くことが出来たが、それだけではなく、時にはお互いに判じ物を出し合って遊ぶこともあった。

かみさんがクスクス笑いながら紙片にこんなものを書いて出した。判じてみよと言う。但しこれはある男がいいなずけの女の処へ写真に添えて送った詞である。

Kennst du meine  ?

Hast du mich 

色々考えたが皆ちがうと言う。S君がとうとうしまいに当てた。前の動物は山羊（Ziege）で、後のはがちょう（Gans）である。即ち文句は、

Kennst du meine Züge?　（汝は予の表情を知れりや）

Hast du mich ganz.　（汝は予の全部を持つ）

というので、発音の同じ処から字をもじり変えたのである。この写真の表情に表われてる如く、私の全身はお前に献げている、そう見えるだろうという意味になるのである。

今度はS君が、こういうラテン語が分るかと一同に出す。

Verbo tene in trito nec arte.

一同大いに考えて、とう〳〵かみさんが当てた。ラテン語でもなく、独乙語をラテン語のように直したのである。即ち、

Verboten Eintritt ohne Karte.（切符無くして入るべからず）というので、一同何だと言うて大笑い。

また、亮一の方から次のような話を持ちかけることもあった。

当地の人は神という詞をやたら使う。何か驚いた時、案外の時などには口癖のようにHerr

Gott!（神様よ）と言う。日本語の「あらまあ」「お、いやだ」「おや〳〵」などという詞《ことば》の代りにヘヤ・ゴットの一点張りを用いるからたまらない。一日に廿度や廿度は一人が言うだろう。月沈原ではあまり聞かなかったが、ここの人は盛んに言う。神様もこうやたらに救いを願われては気の毒だ。今夜試しに「一日にこの詞を何度言うか」とかみさんに聞いたら、不思議な顔をして「そんなに何度も言いますか」と言うている。自分では分らないのだろうが僕は一日に百度位聞くと言うたら一同大笑いした。たしかに百度は言うと言うと、「お、ヘヤ・ゴット」とすぐかみさんが又言う。それその通りだと言うと、又大笑い。その後の話に度々言う。その度に又言った〳〵と言われて困っていた。かみさんの話に、オーストリヤの国では、「ヘヤ・ゴット」の代りに「Herr Jesus, Maria und Joseph!」と言う。「ヤソとマリアとヨゼフよ」という意味で、「あらまあ」の代りに用う。ずい分長たらしいじゃないかとて、一同真似をしてみて大笑い。

食後の座談はますます盛り上がり、亮一は完全にその一員となって楽しんでいる。食卓の話題はこのほかにもいろいろあるが、とりあえずここまでとする。

第八章　散歩の日々

ライプツィヒ動物園の園庭

動物園

ここで話を戻すと、エーレンベルヒ教授の後を追って勇躍ライプツィヒに移動した亮一《りょういち》だったが、大学の夏学期が始まるのは二ヶ月後であり、ゲッティンゲンとちがって広いライプツィヒでは、日本人留学生と会う機会も最初のうちはほとんどなかったので、当分は地図を頼りに散歩しながら自力で見聞を広めるしかなかった。

ライプツィヒに到着した翌々日、まず手始めに向かったのが、市街地の北側にあって下宿に比較的近いライプツィヒ動物園である。

(三月三日の日記)

昼食後、動物園に向かう。入場料七五文。入ると広々として、どの方に向かってよいか分らぬ。すぐ右に大きな建物あり、これに入口と書きある故、あけてみたら料理屋だった。それから又方向を変えてまっすぐに進む。すると一つの建物があって、熊などの類が檻の中で運動している。隣の建物に入ると、猿が沢山居る。部屋の中はストーブで暖かになっている。アフリカに産する黒い顔の猿が、金の碗のようなもので(水入れなるべし)くるみを割っている。固くて中々割れない。両の手で持って頭の上迄上げては力まかせに叩く。キッ〳〵と怒って鳴いている。向うの檻には猿のかわいい子が二匹いて、人参をムシャ〳〵食べている。正己《まさみ》に見せたらどんなに喜ぶことかと思って、たまらなくなった。猿はこの部屋に四、五十程居た。隣に獅子の類の檻がある。檻と言っても大きな家で、両側に檻が出来ている。アフリカ産の非常に大きな獅子が居る。七、八匹も居たろう。小さいのが三匹居てしきりに運動していた。やがて一匹の獅子がうなり出すと、方々で牡の獅子がうなり出す。段々声が高くなる。すごい。他の虎、ひょう、犀《さい》などの猛獣はどうかと見ると、皆耳を立てて、きっとして居る。その他の小さいのは、何事が起ったのか、大変なことになったというような顔つきで、隅の方にへばりつくもあり、立ち上がるもあり、実際僕も少々気味が悪かった。六、七歳の男の子が、小さなおもちゃの車を引きながら来たら、犀がこれを見て、ガラ〳〵と音がするので、立ち上がってすごい顔をしてとびつこうとする。鉄の棒があるから大丈夫だが、それでも犀は檻の中で歯をむき出し、何度も棒につたたって立ち上がった。看守人が、車を止めさした。猛獣の次は鳥類、大小の草食動物、家畜など、ありとあらゆる種類が集められている。水族館は別途廿文払って入場する。水族館は、浅草の水族館の三倍位だが、よく出来ている。凡ての種類の大小の魚が居る。目高の類のもの迄、これはアメリカ、これはアフリカ、これはアジアという風に分けてある。中にもくらげの一室は実にきれいであった。色々の濃い色の模様がごちゃ〳〵集まって、中には菊の大輪の乱れ咲きのようなのもある。実にきれいだった。めい〳〵岩にくっついたままじっとしているが、動物とは見えず、立派な植物園である。日本の山椒魚が居た。小さなガラスの水槽に入れられて、窮屈そうに寝ている。何だかなじみの人に会うような気がした。そのうち日本に帰るが何か伝言はないかと言いたくなる。又此奴《こやつ》は到底日本に帰れず、とう〳〵ここで死ぬのであろうが、僕は早晩帰れるから、大変仕合せだというような気がした。おかしなものであるが、まあ外国に居る感じは之の如きものである。鯛、海うなぎ、えび、かに、亀など沢山居る。金魚、らんちゅうなどは殊にきれいで目を引く。又いずれも深海に産する海草、藻などを入れて、いかにも心持よくしてある。要するに、動物園は馬鹿に広く、行き届いて、金をかけて申し分なくしてあるが、あまりびっくりしたり、ひどくほめたりするほどのことはなかった。水族館は割合によく出来ていた。然し設備のよく注意の行き届いている証拠は、子供が沢山生まれていることで分る。又、元来アフリカわたりに居るものでも、当地に生まると書いてある。即ち動物等が産地に居るように館内で不自由なく愉快に暮らし、子供もどん〳〵産んでいることが分る。又、産んだ子は他の国に売り出すとのこと。

ライプツィヒ動物園は、当時すでに世界的に有名で、特にライオンの赤ちゃんが次々に生まれていることが評判になっていた。亮一が動物園の出口で買った絵はがきの中にも、飼育係の女性が三匹の赤ちゃんライオンの世話をしている写真がある。亮一は何枚も買い求めて内地への通信に使っている。ライオンは元々ライプツィヒ市の市章の図柄でもあり、言わば市のマスコット動物なのである。ちなみにライプツィヒ動物園の開園は一八七八年、日本の上野動物園は四年後の一八八二年である。

丸の内

そして、動物園の翌日は、朝食をすませた後、部屋の掃除が出来ていなかったので、郵便を出しがてら、手近なところを散策した。

下宿から十七、八丁（二キロ弱）も南に行くと、旧市街のはずれに新市役所、帝国銀行、ドイツ銀行などの大きな建物が、リンクと言われる環状線に沿って集まっている。リンクの外側に帝国裁判所、その並びに地方裁判所があるほかは、政治、経済に関係する主要な建物は、大体環状線の内側にある。東京で言えば、文字通り「丸の内」と考えられる。

帝国裁判所は別格で、日本で言えば最高裁だが、何故かベルリンでなくライプツィヒに置かれていて、公正な裁判を行うという評判だった。亮一も「帝国裁判所は、先日英国の間諜（露探にあらず英探なり。この英探はどこかのドイツの砲台に入って写真を写したのを捕まった。大尉と少佐二人、何れも尽く英国政府の回し者であることを白状した）を裁判して、公平な取り扱いしたとて大変ほめられた。大きな建物である」と日記に書いている。帝国裁判所の建物は先の大戦の空襲で損傷を受けたが、東独政府によって昔日《せきじつ》の威容を残したまま修復されている。

（日記の続き）

今日歩いた処は、トーマスリンク、市役所リンクという名の処である。道が広い処へ、処々

亮一がその後何度も往復した市役所リンク　中央の塔は新市役所

大きな広場がある。ここに木を植えて、絵はがきにあるように丸で公園のようにしてある。いくら雑踏しても危ないことはなく、又往来が激しくともあまりうるさくない。

この広場（Platz）には一々名がついている。道は不相変《あいかわらず》アスファルトで、姿が映るばかりきれい。雨が降り出すと、人足が小さい車を押しながら、車の上の砂のようなものを大きな杓子でこの道の上にまきちらしている。一方ではきれいに掃除しながら一方で砂などまくのはおかしいようだが、これは馬がすべって怪我をするのを防ぐ為である。殊に寒い時などは雨の水が凍りついて馬が足を折りて死ぬことが度々ある。馬の足には鉄が打ってあるから、すべりやすいのであろう。これを防ぐ為に砂をまくのである。誠にぜいたくな話だ。馬車は切るが如く東西に走る。自動車は非常に多いが、自転車は極めて少ない。

電車はやはり危ない時はリンを鳴らすが、人々が注意しているし、道が広くて人道と車道を分かってあるから危ないことは滅多にない。従ってリンをうるさく鳴らすようなことは少ない。電車は、四通八達《しつうはったつ》とはこのことで、実に蜘蛛の巣のように走っている。僅かに五十二万の都会でこの通り、西洋人には東京など見せたくないような気がする。随分すべての点において東京は乱暴だ。金のないせいもあるが、まだそこ迄手が届かないのであろう。たしかに恥ずかしい気持ちがする。

アウグストゥス広場

さらにその翌日の夕方、郵便を出しがてら散歩に出た。

当市では一日に十六回ポストを集める。日曜と雖《いえど》も六回、普通の日は朝の五時より夜の九時迄だから、いつほり込んでもよい。月沈原《ゲッチンゲン》のようにあわててほり込みに出る必要はない。家のすぐ前にポストがあるのも甚だ便利である。電車に沿って中央の町に向かう。

廿四、五分たって新劇場に着く。なるほど大きな建物である。その向いに博物館がありその横に大学、大学の向いに中央郵便局がある。博物館の前には大きな噴水ならびに記念碑がある。博物館と芝居の間は広い広場である。アウグスツスの広場と称す。この広場は馬鹿に広い。あちらからこちらと、きょろ〳〵しながら裸の女の像など色々の物の飾りを見て回る。中には

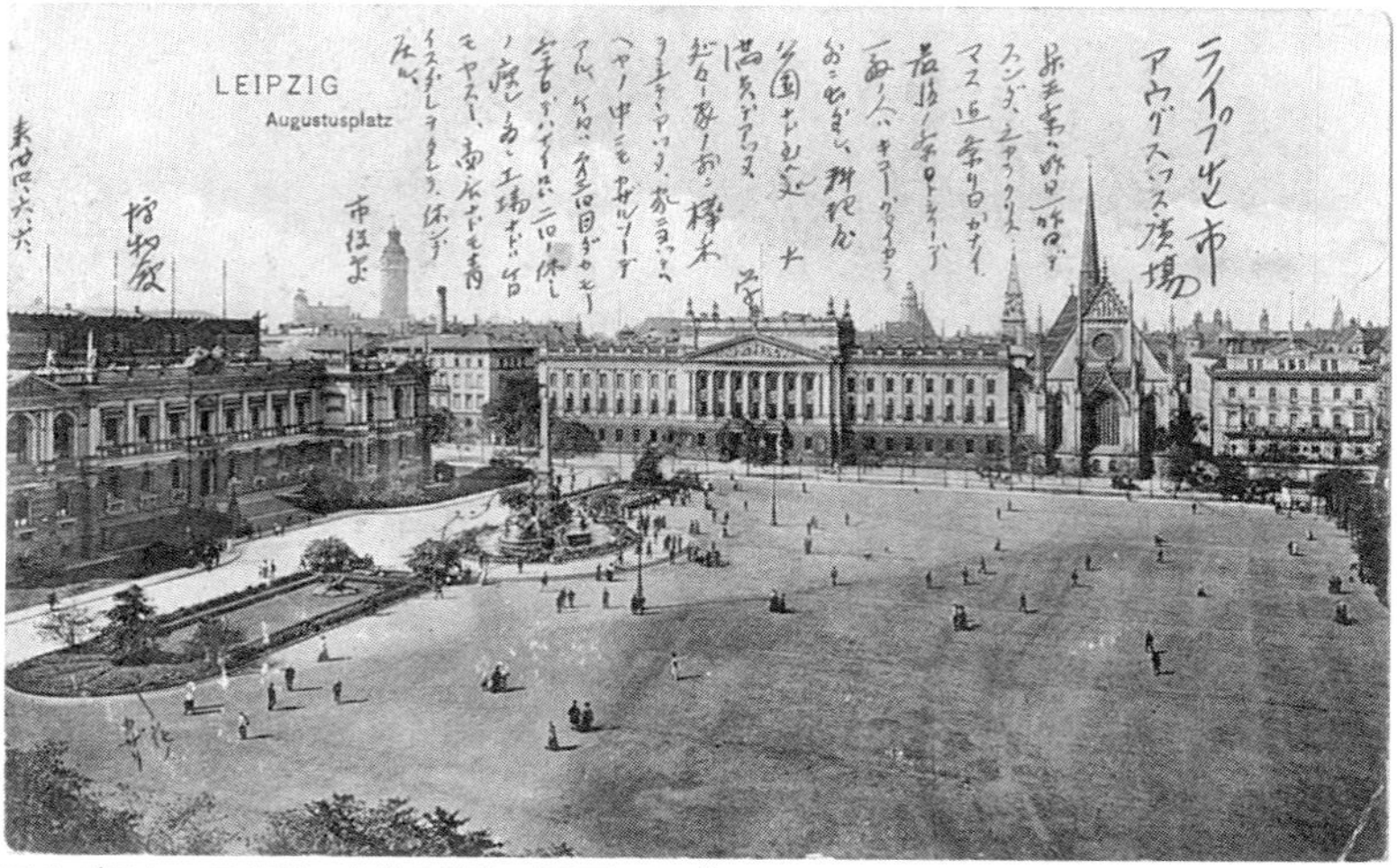

アウグストゥス広場　大学の建物（正面）とパウリーナ教会（右）

互いに袖を引いて僕の顔を見ている奴もある。強い日本人と言うているのか、黒いと言うているのか、その辺は分らない。こちらは何と言われようとも平気なものである。大学に沿うて下ると新市役所の処に来たから後戻る。更に方向を変えて他の方に進む。クリスタルパラストという大寄席がある。中に一万四千人の見物が入れると、本に書いてある。更に進むと、昨夜来た寄席に着く。くるっと後戻りして、ぶら〳〵ステーション（この間着いた）の脇を通りながら、なまいきに横丁に入ったりして、七時家に帰る。丁度二時間歩いていい運動をした。帰ると間もなく雨が降り出した。

前日歩いたところが司法行政の機関や銀行が集まった地域とすれば、この日歩いたアウグストゥス広場は、文化的な施設が置かれた場所と言える。第二次世界大戦後に東独政権が新たに音楽ホールとして建てた現在のゲヴァントハウス（三代目）も、この地に立っている。

アウグストゥス広場の西隣の一帯は商業地域で、マルクト広場や百貨店（Kaufhaus）がある。初代ゲヴァントハウスと言われる織物組合の建物もそこにあった。

とにかく亮一は、舗装された道路や整備された街の様子に先進国の「文明」を痛感している。ゲッティンゲンでは、雨が降るとぬかるみが出来て、外套の裾が汚れることがあり、その点では内地日本とそれほどちがわなかった。やはりライプツィヒは、先進国の都会だったのである。

市《いち》のおじさん

到着した翌週には、昼食後どこに行こうかと色々案内の本と首引《くびっぴき》で調べて、とにかく有名な市《いち》（メッセ）を見てみようというので、ふらりと出かけている。

ペーター町に入る。人の雑踏で動きがとれない。静々と人の動きのままに歩く。ありとあらゆる品が一面にならべてある。世界各国の商店が集まりて店を出し、又各国の商人が買い求めに来る。此処で代物の見本を見て、気に入ったのを注文するのである。品物はすべて新奇なものばかり持って来る。一年に三月と九月と二回、一週間続くのである。十二世紀頃の始まりで、今から七、八百年前からのことであるから、随分発達してるわけである。何しろ人ごみでろくに見られない。五、六軒家の内に入って見たが、これまた人がいっぱい。

それでも、おもちゃ屋がどうしても目について、国元に送るつもりでその場で売っている犬のぬいぐるみを買い求めた。今でも世界的に人気のあるシュタイフ社の動物のぬいぐるみも、発祥はライプツィヒのメッセと言われている。亮一はその後もたびたび散歩の途中わざわざペーター町を通って市を冷やかしている。

新市役所の前からペーター町に逆戻りし、絵はがき四枚買い求めた。オペラの望遠鏡のいいのがあって欲しかった。とある金物屋の店に入る。両側に勧工場のように色々のものをならべてある。欲しい物が多いが、値段は皆高い。ぐる〱回ってる間に出た。さあどこだか見当がつかぬ。更に後戻りと出口に帰るのも野暮だし、いい加減に又雑踏を分けて進むうちに、目印のある街に出た。広場で四、五回の行列を立見する。大勢の人が列を作って笑いながら見ている。板に書いた文字の看板、背中にしょった高い箱の中の実物見本、作り物など色々。中には変装して僧侶の風、女の装束などしているのもある。楽隊はつかない。静かに一人ずつ一間位離れて人の中を分けて歩く。そして広告の紙を手当り次第に渡している。僕も目につき易いので大変渡された。受けてやると「ありがとう」と礼を言うのは感心である。市の為に来る人を「市《いち》のおじさん」（Messeonkel）という。店のもの、家族等を集めたら大変な数になるだろう。おじさんだけでも（店を出すことを届け出る）三万以上はあるとのこと故、皆集めたら大変な

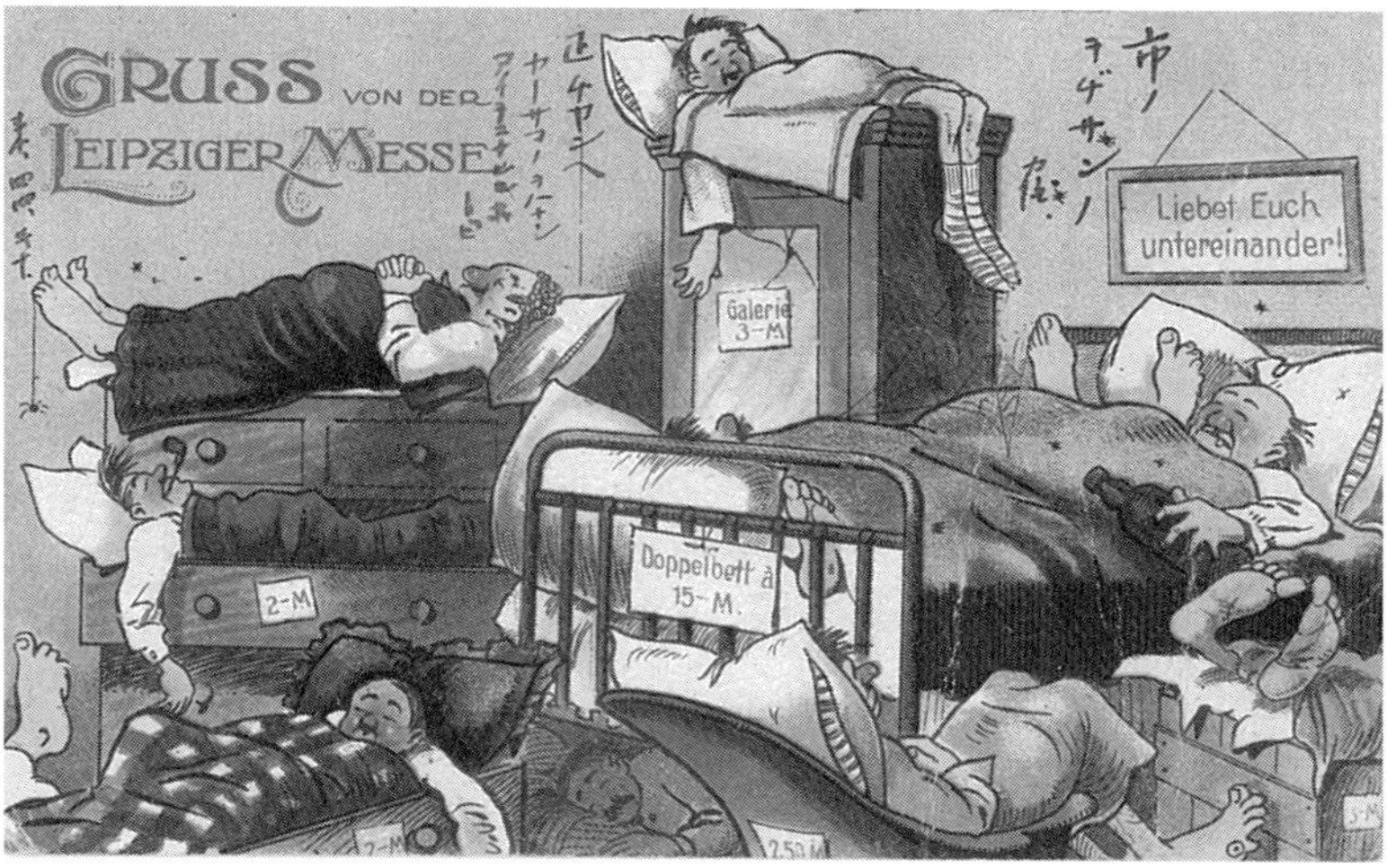

市のおじさんの宿

数になるだろう。何れも付近の家や安宿に泊る（主人は金があるからホテルに泊るかもしれないが）。一つの部屋に廿人も寝かされ、一つのベットに三人も入れられ、それでも中々高い金を取られ、頼むようにして泊らしてもらうのだとのこと。色々の面白い滑稽も起るので、市のおじさんという詞《ことば》は一種の滑稽を示す字になっている。

亮一は「市のおじさんの宿」と題した滑稽画の絵はがきを買って内地に送っている。市のおじさん達が蚤《のみ》だらけの宿で閉口している絵である。

なお、街の賑わいの中で目についた物の一つに広告塔がある。それについては、日記の中に次のように書いている。

　そのうちに絵はがきで説明するが、街の

アウグストゥス広場の新劇場　中央に見えるのが広告塔

広場の中などに広告塔がある。東京の元の交番か、又はむしろ自動電話位の大きさの丸い建物で、上に一面べた〳〵と五色のビラが貼ってある。その日〳〵の広告で、毎日変わるのだそうな。広告塔という名がついている。中にはほうきなどの往来を掃除する道具が入れてある。一寸一挙両得《いっきょりょうとく》のよい思い付きである。

第九章 戦争記念碑（工事中）

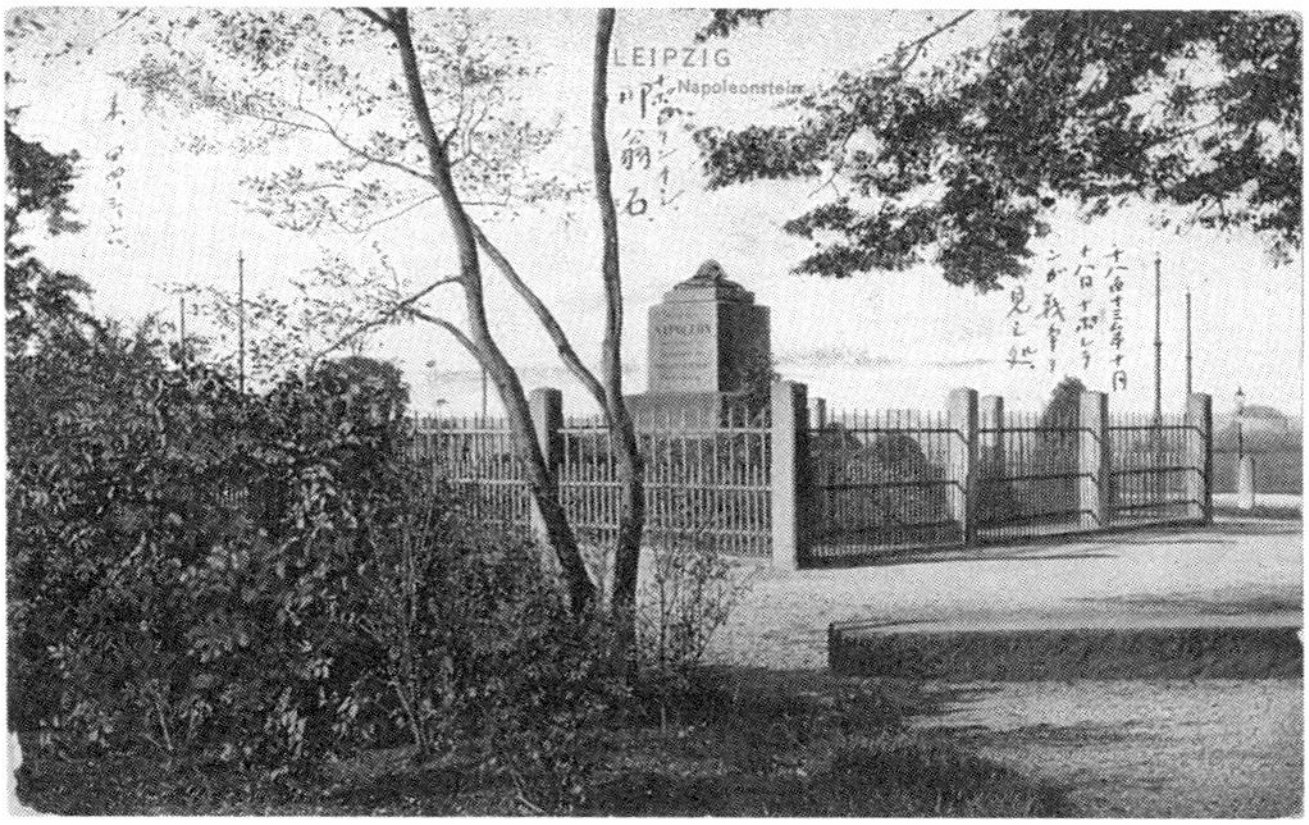

ナポレオン石

ナポレオン石

そのまた翌日には、昼食をすませてから、地図を頼りに外出、過日歩いた市街地を通り抜けてさらに南下するとだんだん田舎道になり、そのうち前方に当時工事中の戦争記念碑が見えた。一八一三年のライプツィヒの戦いで、ロシア、オーストリア、プロイセン、スウェーデンの連合軍がナポレオン軍と戦って勝利したことを記念して、百周年の一九一三年に完成を目指していたものである。

(三月六日の日記)

町は段々さみしく田舎になる。どん〳〵かまわず進むと、前に戦争記念碑の足場が見えた。中々遠いので、ここに来る迄二時間かかる。一里半位は歩いたろうと思う。博物館は帰りに見ることにして通り過ぎて、まずナポレオン石を見んと思いしも方向分らず幸いそばに居た巡査に聞く。ていねいに教えた後、あなたは日本人かと一言聞いていたのがおかしかった。すぐ右に折れると道の左に少し高くなってナポレオン石がある。ナポレオンがここで戦争を見て指図した処だと思うと、何だか昔の歴史を思い出してなつかしい。周囲の高い梨の木にはしごをかけて、二人の植木屋がはさみを入れてる他には人が居ない。欄干にもたれてつく〴〵と上の帽、剣をながめる。一つ詩でも作りたいような気になる。夫婦づれの者が二組別々にやって来てすぐ去る。何れも英国人らしい。英語を話していた。吾々と同じく旅の人と見える。碑の表裏の文字は次の通り。

（表）Hier weilte Napoleon am 18. Oktober 1813 die
　Kämpfe der Völkerschlacht betrachtet.

（裏）Der Herr ist der recht Krieger.
　Herr ist sein Name.

久しく立つほど去るに忍びず、ぶらり〳〵と三度回った。実になつかしい処であった。英雄を慕う心と、英雄の末路を悲しむ心と、色々の感じが集まって言うに言えぬ心地がする。

亮一《りょういち》はこのとき博物館で買ったナポレオン石の絵はがきに「那翁石」と書き添えて、みつに送っている。それには碑文を自分で和訳したものを次のように書いている。

（表）千八百十三年十月十八日、当地の戦争を観察しながらナポレオン一世は此処にたたずめり。

（裏）此英主は真の戦人なり。英主は彼の名なり。

そして、「今を去ること九十八年前の十月十八日午前中、ナポレオンは部下の肩に望遠鏡を乗せて、戦状を観察し乍ら此石の処に立ちしなり。当時を追想して萬感胸に集まる。暫く寂しき此垣の周りをめぐりて（三度回る）卅分許《ばかり》うろつきたり。この絵はがきには表側が出て居る。石の上にあるは金製のナポレオンの帽と剣を似せて作りしものなり」と説明している。

戦争記念碑が完成するまでは、このナポレオン石がライプツィヒの戦いの記念碑だった。森鷗外《もりおうがい》の『独逸日記』によると、鷗外もこの石碑を二度訪れているが、碑文をゆっくり読む時間がなかったのだろうか、「耶蘇《ヤソ》の経文」が記されていたと書いている。

南部墓地

続いて亮一はその近くの南部墓地（Südenfriedhof）に入った。

それより南部墓地に入る。門の右側一列に花屋が十軒位軒をならべて、軒の下に花環、花束などを一面にならべて売っている。菊の花の大輪の立派なのやバラなどのよいのがある。何れも女が店の番をしている。墓地の入口には警察の規則ありて「たばこをのむべからず」その他二十四ヶ条の書付がある。大きな男が退屈そうに番をしている。黙ってずんぐ入る。墓はまことにきれいではこり一本なし。どこ迄も行き届いているのが感心の至りである。石碑は色々で、何れも細長いのよりは四角に近いのが多い。黒い石に金文字、白い石、赤い石できれいだ。字は大抵金文字。十字架のあるのもないのもある。ぜいたくなのは銅像、石膏像などにしてある。文句は大抵同じで「ここに吾愛する某が眠る」とか「ここに吾親愛なる両親が神と共に住む」とか書いてある。一つ、目に立つのがある。三方石作り、正面をガラスで蓋うた高さ一間半位の四角なものを立て、その中に女の像が立ててある。白い石で作って中々の美人。まだ若いようだ。「ここに吾最愛なる忘るべからざる妻が眠る　汝の夫」と書いてあった。月夜などに見ると随分すごいようである。旅のせいか、無神経（こういうことには）の僕もいやな気がし出した。すぐ他の方に歩を進める。「死に至るまで忠実なりし吾忠僕が眠る」などとしてあるのもある。あちこちに女の人が花を持って参っている。あまり悲しそうな顔をしていない。ふと見ると、向うの隅の方に馬車が三台ならんで人が四、五十人集まっている。埋棺をしているらしい。いやな気がしてふり向く勇気がない。他の方面に歩くと、今度は子供の墓があった。「忘るべからざる愛らしき吾子がここに眠る」とある。もうたまらなくなりて早く出ようと決心する。

ちょうどその頃、亮一は内地の知人からもらった手紙に、みつと正己《まさみ》に会ったときに正己が非常に弱々しく見えたと書いてあったのが気がかりで、みつだけではなく方々に正己の安否を問い合わせて返事を待っていたところだった。結果的には杞憂だったのだが、その間の気の揉みようは日記にも繰り返し認《したた》められている。

記念碑と博物館

それより通りに出て大なる記念碑（工事中）を見る。多くの人がどん〳〵見物に来る。一処に入って台の下迄行く。見上げることが出来ぬ位だ。上の方では人足が駆け足か何かで物を運んでいる。こわいことだろうと思う。足場は木で作り、すべてかすがいのようなもので止めてある。進んで行くと切符売場がある。入場料廿五文。一度この上に上がって見下ろしたらせい〳〵することだろうと思うが、この次に来ることとして元の道に戻る。碑の下の台（段になっている）は石で、これに色々の彫刻がしてある。まだすっかり出来てないが、あら彫りがしてある。あちらの方では、針金伝いで土が運ばれる。大きなブリキの箱が針金を伝って二、三間置きにじゅう〳〵と音を立てて来る。人夫が受け取って上に運ぶ。この記念碑は千八百十三年の当地の戦（ナポレオンとの）の記念の為のもので、昔からやかましく発議されたのが漸く近年になり着手された。高さ五十間（約九十メートル）というのだから大したもの。周囲に大きな堀を作って、さかさまに映すのだとのこと。今迄に六、七年はかかっているだろう。千九百十三年即ち百年の記念日までにぜひ作り上げて、大いに祝うのだとのこと。中央ステーションもそのときに一処に出来上がる。引き返して電車道を通り、博物館に入る。館は二階で下は飲食店になっている。上がって行くと田舎式の粗末な建物で、床をふむとぎい〳〵音がする。今しも十人ばかりの人が、ちらばらに見ている。男が来て、五十文入場料払う。切符売り場も何

戦争記念碑（工事中）

記念碑完成予定図

もない。簡単なものだ。十二の大小の部屋があって、何れも戦争記念の品及び当時の品（戦争に関係なき）を集めてある。案内には品数が何万あるとか何がいくつとか書いてあったが、極めて簡単である。但し独《ド》乙《イツ》流に下らぬ絵などを感心によく集め、勿体をつけてちゃんと整列して説明してある。絵画が主だが、中には絵草紙のような子供だましのものが多い。大砲の戦の画の如き、両国の花火のような画である。約百年前の独《ド》乙《イツ》の程度はこんなものだったかと思える。軍服、軍令、戦利品などある。中にも一番目につくのは、ナポレオンが用いたというあぶみである。鉄製のもので、下の方がやかんのようになり、火で暖めるようになっている。ナポレオンが馬上で足の冷えぬように作らせたのだとのこと。Einzig in der Welt! 即ち世界に又と二つはない珍品と書き付けてあったが、なるほどこれは珍しい。二個共完全である。これだけでもここに来た値打があると思った。当時の記録によると、今のライプチヒの繁華な通り、殊に大学の前などは丸で血の海であったらしい。

この後亮一は、階下のレストランで絵はがきを買い、コーヒーと菓子をあつらえて休憩して帰途についた。

戦争記念碑（正式名称は諸国民戦争記念碑＝Völkerschlachtdenkmal）は、当初の予定ではライプツィヒの戦いの百年記念として一九一三年に完成することになっていたが、第一次世界大戦の勃発などで遅れて一九一五年に完成した。ライプツィヒ中央駅も同様である。

ただし、その後の歴史の推移によって記念碑に対する見方も様々に変わり、亮一が記念碑の威容を映すためと書いている前方の池は、現在では戦争のために流された涙の象徴とされている。

第十章　シラーの家

ゴーリスのシラーハウス

屋内と展示品

そのように、歴史の移り変わりとともに、名所旧跡のありようも変化するが、当時も今も観光名所として多くの人が訪れる中の一つが、詩人フリードリヒ・フォン・シラー（一七五九―一八〇五）の家である。シラーは当時の日本人にも、あのベートーヴェンの第九交響曲の最終楽章の「歓喜の歌」の作詞者として知られていた。家と言っても、シラーはたまたま一夏を過ごしただけなのだが、そのときにあの有名な詩が作られたのである。

したがって、亮一《りょういち》にとっても「シラーの家」は必見の場所だった。三月十二日の昼下がり、運動がてら歩き出しながら、思い立って訪ねている。

三時、家を出る。郵便を入れて動物園の前通りを電車に沿うてまっすぐに上がる。シルレルの住んだ家を見ることに決心する。十七、八丁にして立派なる町の並びの右側に小さい汚い不景気な家が立ってる。他の家は皆高いのに、この家は僅かに二階建である。家の道路に面した庭に大きな菩提樹が立って、家の壁に札が貼ってある。千七百八十五年詩人シルレル（シラーとも呼ぶ）この家にて住むと書いてある。門を入ってまっすぐに上がると左側に入口がある。

汚ないあばらやだ。誰もいない。只扉に見料卅文、団体は一人に付き廿文ずつとある。かまわず奥に入ると靴音を聞きつけて番人が出て来た。下の部屋に通さる。ここで卅文の入場料と絵はがき四枚（四十文）、説明書一冊（卅文）、都合一マルク払う。二マルク銀貨を出すと、釣がないとて後からにしてくれと言うていた。やがてどこかでくずして五十文銀貨二つ持って来た。下の部屋は大詩人シルレルの著書ばかり集めた図書館になっている。大きな本棚にぎっしり詰まっている。小さな人間がこれだけの本を書いたのかと思うと、大いに敬服する。他にシルレルの像だの色々ならべてあった。案内さして二階に上がる。すでに先に一人の男が入って見ている。市《いち》の用事で来た市《いち》のおじさんらしい。四十五、六の太った質朴な男。部屋は見るからに小さい、頭のつかえるようなあばらやである。広さは八畳位、ひょろ〳〵した作りで天井の低いのが気にかかる。ここにならべてあるものの中、興味を引いたのは、

楕円形の机　シルレルがこの机にもたれて詩を作ったのである。簡単な小さい机。

三つの椅子　椅子は彫りものをして一寸立派だ。もう古くなってさびがついていい骨董品になっている。腰掛が低いのに、もたれの高く長いのは目につく。

十四歳の時のシルレルの像　画である。シルレルの娘の寄したもので、強情なる口元がよく似ているとの娘の裏書がついている。

白いチョッキ　ガラスの箱に貼りつけて掛けてある。詩人が着たもの。白い処に黄色いしみ

毛髪　　　が大分出ている。

詩人の髪の毛。小さいガラスの箱に四、五本入れて輪に結んである。

手蹟　　　「ドン・カルロス」の筆稿。

手紙　　　友人の本屋に四十ターラーの金を貸してくれとの借金状。

シルレルの妻君の手紙

当時住んでいたドレスデンは物価が高いので、ライプチヒで着物を安く作りたいがいくらするかと友人に（当地の）問い合わせたもの。

たばこ入れ　詩人がきざみたばこを入れていたもの。

洗面机　　詩人の寝室にある小さい汚ないもの。

寝室は隣にあって、せまいこと甚だしい。三畳敷位。おまけに屋根がななめになっているので、天井もななめになり、背がつかえる。貧乏していたとは言え、気の毒の感がする。シルレルは廿六歳の年、一夏この家に住んだとのこと。説明者は色々説いていた。何だかなつかしくて去るに去れない。記念帖に名を書く。［註・一九一一・三・一二］独乙《ドイツ》の大詩人ゲーテと共に文学界の大明星たるシルレルがこんな汚ない家に居て、この窓にこの机を据えて「喜びの歌」（Lied an die Freude）を作ったかと思うと、一種の感に打たれる。いくら見ても飽きない部屋をかわる〴〵あちらを見こちらを見る。案内者は下に降りてもとの部屋に帰り、これは当時の本屋でシルレルの友人が住んでいたと説明する。この部屋の方がまだよい。更に庫裡に案内する。真暗の壁詰まり、せまくてうす汚ない。ここで出来た馳走をシルレルは食べたのである。更に他の方には家の持主たりし百姓が住んでいたという部屋。はるかに前の部屋より立派である。見物中、市のおじさんと心安くなった。動物園を見たか、棕梠園《しゅろえん》はどうだなどと、互いに話をする。おじさんは動物博物館を見たとて色々説明し、ぜひ見よとて番地迄教えてくれた。分かれて出る。おじさんもすぐ出たようだった。夜の宿は絵はがきのような風で、ろくに寝られもせず困るのだろうなと思うと、何だかこのおじさん、釣床で床虫《とこむし》を殺している図に似ていたようだ。そのくせ金の指輪などしてしゃれている。

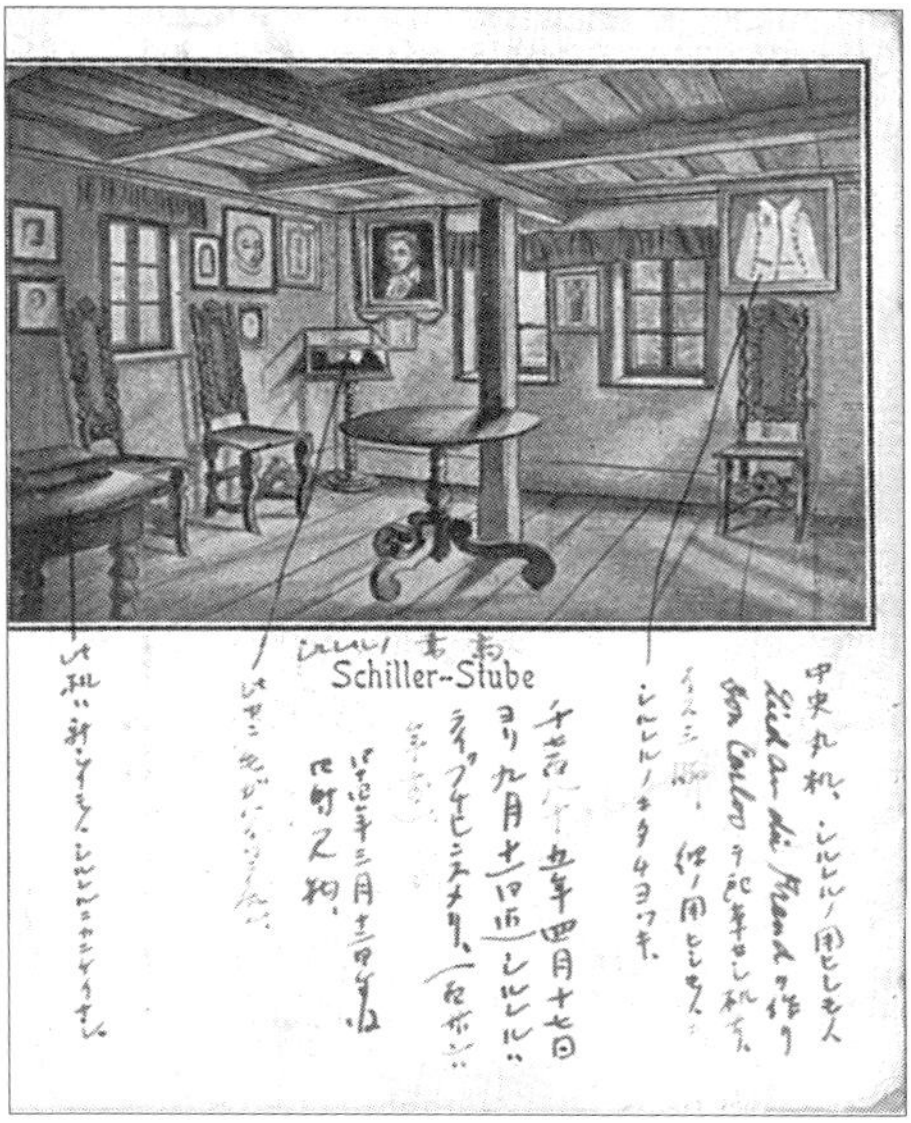

シラーの家の屋内

シラーの逸話

続いて、おそらく説明書の敷き写しと思われるが、日記の中に次のような記述がある。

シルレルに関する逸話の残ってるもの二、三を掲ぐ。彼は千七百八十五年（今を去ること百廿六年）の四月十七日、丁度市の立ってる混雑の際、当地に来たれり。当地には友人及び姉妹（片付ける）の家ありしを以てなり。マンハイムから当地迄の旅の間に大変疲れてペーター町（今の市の立てる処）の Hotel de Russie（今もあり）というホテルに泊まり、翌日直ちにハイン町五番地の一室を借りて住めり。されど当時の市の混雑の為、彼は田舎に移らんと欲し、姉妹の家の付近のゴーリスという田舎に入り、百姓家の二階に入れり（今日見たる家）。当時ゴーリスは約四十軒の小村（今日は繁華な町）にしてその大分は別荘なりき。住民は五百を越えず。然れど夏に至れば別荘地のこととて多くの人来たり住み、一千に充ちたり。家の持主たりし人の息子の語る処によれば、シルレルが自分の家の二階に住みし頃は、自分は十二歳の小供なりき。彼は毎朝三時と四時の間に起床し、直ちに郊外に散歩し、また好んでバラ谷を逍遥せり。その際に自分は水瓶とコップを持たされながら、いつも伴をしたり。五時と六時の間に家に帰れり。家に帰れば下に住める本屋のゲッシェンとしばらく話をなし、散歩中考えたる思想を述べ、互いに議論せるを度々見たり。彼は散歩中は只考えを練るのみ、家に帰りて直ちに筆を取る。着物はきわめて粗末にして外出の時にはどてらを着居たり。彼は親切にして顔青白く、多くのあざあり。毛は赤く且つ長かりき。ゲッシェンとは仲良しなりき。今の家の前の菩提樹は昔のものにあらず。元の木はナポレオン戦の時、間もなく切り捨てられたり。今の木は記念に近年植えしものなり。家は少しも修繕など加えず、そのままに残れることは凡ての方向より証明さる。シルレルの部屋は当時いつ見ても紙で一ぱいになれり。壁は白く塗られたりき。今日もそのままなり。今日も彼の誕生日（十一月十日）にはこの家を飾りて祝う。付近小学校の上級生のみここに入り、シルレルのこの家にて作りし歌をうたう。彼はこの家にある中に、主としてドン・カルロスを執筆せりき。夏の終りに至り、この地の生活に飽きたるを以て、九月十一日にこの地を去れり。ドレスデンに於ける家族の家に帰り行けり。

シラーの家のあるゴーリスは、市街地のはずれから北へ二キロほど行ったところにあり、その途中にバラ谷（ローゼンタール）という広大な公園がある。森鷗外《もりおうがい》も、『独逸日記』によると、ゴーリスに住む知人をしばしば訪れていて、「東京で言えば向島や根岸のようなところ」と書いている。シラーがゴーリスに住んだのは二十六歳のときだった。住む家を工面したのは、同じ家の一階を借りていたＪ・ゲッシェン（一七五六―一八三二）で、彼は当時出版社を興したばかりだったが、後にそれがドイツ有数の出版社になって、シラー、レッシングの作品やゲーテの全集などを出版している。この家は、一八四一年に「シラー記念博物館」となり、一九九八年に新装された。

色々な感想を持ちながら帰途についた亮一だったが、その日の日記は次のように続けられている。

この家を出て、ある広場に学生のフットボールを見る。七、八十人の人が立って見ていた。それよりバラ谷に入り、シラーがこの辺を歩いたのだろうなど思いながら歩くと、日曜のこととて人出が大変。うるさくてならず。廿分もうろついて更に町に入り、家に帰りしは正五時なりき。二時間歩き回れり。コーヒー、玉子、パン来る。おいしく食べながら新聞など見る。今日は女中が日曜の休みで居ないらしく、かみさんが持って来た。シルレルの家を見たというと、それはよかった、気の毒に小さい家でむさ苦しい部屋でしょう、ほんとにかわいそうですね、だけどしまいには大変お金が出来たんですってと言っていた。

第十一章　公園めぐり

ヨハンナ公園の一部

ヨハンナ公園

前章で取り上げた動物園、戦争記念碑、シラーの家は、亮一《りょういち》が地図を頼りに訪ね歩いたいわゆる名所旧跡である。第二次世界大戦の連合軍の空爆では、ライプツィヒの由緒ある建物や施設の四割が焼失したとされる中で、それらはかろうじて壊滅を免れ、あるいはその後修復され、その後の国家体制の変遷をくぐり抜けて今日もなお世界中から多くの人々が訪れる観光名所となっている。

ドイツ人は元来散歩を好むと言われるが、亮一も、郷に入《い》っては郷に従えとばかりに、ゲッティンゲンにいた頃からよく散歩に出かけていた。しかし、ドイツ人にとっての日常の散歩は、我々日本人が考える以上の意味を持っていて、もちろん単に名所を探索することが主目的ではない。

亮一が、ライプツィヒの日記の中で何度も感心して書いているのは、公園が多いことである。それも、都会の中枢部から手の届くような距離のところに広大な森や牧場を持った公園が幾つもあることに驚いている。

ちょうどその頃日本国内で話題になっていた西洋式の都市公園は、一九〇三年（明治三十六年）に開園した東京の日比谷公園だった。丸の内に隣接する場所に造られた庶民のための憩いの場という発想は、おそらく欧米の都市公園を手本にしたものだろう。亮一も丸の内に勤務していた頃は、

ヨハンナ公園のビスマルク像

日比谷公園は昼休みに散歩することも出来る場所として親しんでいた。したがって、ライプツィヒでいろいろな公園を訪れるたびに、何かと引き合いにしているのが日比谷公園なのである。

当時のライプツィヒは、確かに公園が多い。数の上でもそうだが、市街地から手の届く距離に広大な土地と自然が用意されている（残されている）ことに、日記を読んでいても感心する。本章では、彼が訪れたライプツィヒの公園を順次辿ってみようと思う。

到着した当初は、案内の本が頼りだったので、まずは「ビスマルクの像」を目当てにヨハンナ公園を訪れている。

（三月七日の日記）

新市役所の裏から二、三丁歩いてヨハンナ公園に入る。地図で見ると大したこともないようだったが、中々広い。日比谷の二、三倍はありそうだから、詳細は更に見ることとし、ビスマルクの像を探す。道の端に立っていた。今から十四年前に立てたもの。愛犬のチーラスという犬を連れて立っている。右の手に帽とこうもりを持っている。下の方から一人の鍛冶屋が両手を広げ、右の手に樫《かし》の一枝を持ってビスマルクに献げている。鍛冶屋はすなわち人民の一例として示したもので、ビスマルクが独乙国《ドイツ》を築き上げてくれた徳をたたえているのを示したのである。十二、三歳の男の子が妹二人と犬一匹をこの前に立たせて写真を撮っていた。公園の中の堀の上に日本流の赤色の吊り橋があった。真似をしたのだろう。

これが亮一の公園デビューだったが、まずは案内本を片手の名所探訪という感じである。また、さっそく日比谷公園を比較のために引き合いにしている。

バラ谷

そしてその翌々日、やはり昼食後に、天気がよかったので散歩に出た。この日は市街地の北側にあって下宿から最も近いローゼンタールという散歩場に入った。そこを通り抜けると、前章のシラーの家のあるゴーリスに至るのである。

（三月九日の日記）

バラ谷の一部

ローゼンタールは日本語で言えば「バラ谷」ということになるが、一つの公園の谷である。中には池あり、牧場あり、森あり、運動場あり、牧場（と言っても名だけで獣類は居ない。一面の芝生で道が八方についている）だけでも日比谷公園位はたしかにある。そしてこの牧場はほんの公園の一部分である。他は一面の森で、常盤木は少ないが、大きな木ばかりである。別に大した飾りなどなく、目を喜ばすものはないが、何しろ大きな森で中に入ると丸で深山の中に居て雑踏な町がこの外にあるとは思えない。本を読みながら歩いてる奴が多い。牧場の芝生には乳母車を押してる子供、婦人が多い。七、八十位の乳母車があちこちに押されてる。このバラ谷は昔異教徒が祈りをする礼拝堂があった処だそうな。とにかく町の中にこんな大きな山を置いて、人々に休息、散歩、保養させるのはよいことである。西洋の家は日本と異なり、窓を閉めておけば空気の通う処がない。庭があるではなし、とても一日続いて部屋の中には居られない。殊に空でも晴れていれば、どうしても外に出て新しい空気を吸いたくなる。西洋人の散歩好きな理由が分った。バラ谷の中には色々の草がちょい〳〵芽を出していたので、もう春だなと思い、去年の沼津を思い出した。

ここに至ってドイツ人の日常生活に占める散歩の意味が、少しずつ分かって来たようだ。また「本を読みながら歩いてる奴が多い」と書いているように、彼らにとって散歩が思索を深めるための貴重な手段であることにも気づき始めている。バッハと同時代の哲学者で数学者のライプニッツ（一六四六―一七一六）も、十七歳のときにこのバラ谷を逍遥しながら、新旧の哲学について考え、自分の進路を決めたと言われている。

棕梠園

そして、その翌々日は土曜日でどこの家でも（ゲッティンゲンのパイネ家でもそうだったが）部屋の大掃除があるので、昼食後、半ば追い出されるように散歩に出かけている。

（三月十一日の日記）

昼食。ひき肉を焼いたまんじゅう形のもの、ジャガ。食後は米を牛乳で煮てバナナを切って入れたもの。土曜日は大掃除なので女にとりては大変だとかみさんが言っていた。女共が昼からはどこを見ろだの、どこがよいだの、色々地理の説明をしてくれた。〇時半に昼食始め、一時にすむ。すぐとび出す。ポストにはがきを入れて、まずぼそ〳〵と南に向かう。やがて大きな〳〵田圃に着く。この田圃の広さは日比谷公園の廿倍位ある。何の為にあけてあるのか、たぶん衛生上の為だろうが、と言って公園でもなく、只一面に芝が生えて、そして処々に広い道がついている。向う側の町はほんとにぼんやりと遠方に見える。この田圃の中の道（電車が通っている）をいい心持でそよ風に吹かれながら通る。町に入りかかると左側に棕梠園（Palmengarten）がある。五十文で切符買って入る。音楽のある時は一マルクである。夏の夜は特別に安くなっている。涼みの為であろう。正面に大きな立派な建物がある。これは会席になっている。二、三千人の会が出来るとのこと。その家の続きで丸い暖室的の建物がある。これを入ると棕梠が一ぱい植えてある。暖室だからむーっとして心地悪い位。四方高くなり、中が低く池になって金魚がいけてある。棕梠は色々の種類をまぜて三、四百本もあるだろう。その他竹、蘭、棕梠竹、しのぶ、羊歯《しだ》などという日本的の植物が沢山あってなつかしかった。棕梠は高きものはせいぜい二丈位、大して大きいものはないが、独乙流に行き届いているのは感心。色々の濃い色の熱帯植物も咲いていた。植木屋が二、三手を入れている以外は、見物人は僕一人。下の池の端に腰をかけて休憩。正己《まさみ》が居たらこの金魚を喜ぶだろうと思う。はからず、いつぞや白木屋で金魚を見せたら不思議な顔して見ていたことを思い出した。一通り見て外に出る。音楽堂がある。雨の降った時の戸外の会席場がある。柱と屋根ばかりだが、これま

棕梠園

た二千人位入れる。広い庭を一人で悠々と歩く。日本の燈籠が二つあった。一つは日独燈と書き、独乙文字でDeutschland-Japan Freundschaft と訳してある。も一つには東郷燈と書き、一面には明治三十八年五月廿七、八日対馬海峡海戦記念、為日本友人、アウグスト・ズスマン建之とあり、独乙文字なし。形は日本式によく出来ている。窓は紙でなくガラスになっていた。急にこんなものに会って国を思い出した。特に菅生《すごう》の大門の外の燈籠を思い出した。当地には珍しい松の木もちょい〳〵植えてある。皆小さいがなつかしい。この棕梠園も日比谷の十倍はあるだろう。別段に植え込みとか計画に感心する処はないが、只だだっぴろくていかにもこせ〳〵せず悠々と散歩が出来る。見物人はやはり僕一人、食後昼寝の時だから来ないのだろう。よく田舎で見る川の端の真赤な柳の芽が沢山ある。草花の植え込みがある。芽が黄色く、もう大分出ている。処々待ちかねてかわいい花が咲いている。ふと沼津の嫁菜《よめな》つみを思い出した。あのときは面白かった。今度も一度ぜひ気候のいいときにあすこに行って、ひばりを聞きながら嫁菜や防風《ぼうふう》をつみたい。正坊が喜ぶことだろう。あの嫁菜のしたしは実にうまかった。やがて知らぬ間に日本式の、岩山の下に池のある庭に出る。更に大きな池に出る。鵞鳥、白鳥、鴨が居る。しばらく腰を掛けて休んで見る。天気は馬鹿にいい。暖かい。〇度以上九度。もう春だ。外套がうるさいように思える。池もかなり大きかった。ボートが七、八艘浮いている。ずん〱進むとかなり大きな川に出た。立派な橋がかかってる。これをわたると驚いた、この向うにまだ大きな森がある。向うの方の隅の日当りで学生らしいのが腰掛にもたれて本を読んでいる。後ろから夫婦者が脇を抱き合って来た。園内処々に時計が立っている。寒暖計がある。晴雨計がある。ビール店がある（今は店は皆休み）。十文ほり込むと自動的に色々の菓子の出てくる機械が立っている。かれこれ一時間半ぶら〱と歩いたり腰掛をしたりして十分に気を養う。又元のほうに引き返して池の端のあずまやで地図など出してみる。すぐ近くにまだ色々見るものもあるが、もうくたびれたから帰ることとする。更に橋を渡り、裏門から出る。門番は敬礼していた。この中で燈籠、松、竹を見たのはうれしかった。裏門を出ると、すぐ横にハイネの銅像があった。道一つ隔てて向うは又公園になっている。アルベルト王公園（König Albert Park）という。これも随分広い。ここは只だから人が大分出ている。広い芝生がきれいだった。ぐる〱又回る。公園の右はノンネンホルツ（尼の森）という大きな大木の茂った森。ここにはもう入らず、公園伝いに新市役所の塔を目当に進むと、この公園がなくなると又道一つ隔ててこの間来たヨハンナ公園。ビスマルクの銅像がある。日本の金のぎぼし、朱塗りの欄干のかなり上に反り上がった半太鼓橋が二つある。随分惜しげもなくこんなに公園を続けたものだ。乳母車の連中がうよ〳〵している。ふつうの散歩人も多い。漸く昼寝が済んで散歩に出る頃になったから、来るは〳〵盛んに来る。空気の流通の悪い家に住む西洋人にとりては散歩が日々の欠くべからざる日課故、こんなにぜいたくに広い土地を割いて遊歩道にするのである。日本の家は、寝ていながら散歩しているようなもの。空気の流通がよいから大変愉快で仕合せだと思う。

ゲッティンゲンでも、下宿の家族を見倣ってよく散歩をしていたが、季節が冬だったのと、足元も悪く、ライプツィヒのように散歩のための広大な公園があるわけではなかったし、日本人の仲間と集まってワイワイガヤガヤと過ごすことの方が多かった。ライプツィヒでは、このように最初の二週間で、ドイツ人的な散歩をかなり満喫している。

新小金井

日記に書かれた公園を、一九一三年版ベデカー旅行案内の地図で辿ると、バラ谷（ローゼンタール）は市街地の北西にあって、さらに北へ行くとゴーリスである。ヨハンナ公園は市街地の西側にあり、そのまた西隣がアルベルト王公園、さらにその西に棕梠園（パルメンガルテン）がある。ア

コンネウィッツ（新小金井）の一部

ルベルト王公園の南は尼の森（ノンネンホルツ）、さらに南下するとコンネウィッツの森が広がっている。

少し後のことになるが、四月に入ってから、亮一は山内《やまのうち》君（後出）という友人に誘われてコンネウィッツの森に出かけている。コンネウィッツは、森の中に川が流れていて、飲食店や貸しボート、吊り橋や鹿のいる広場などがあり、大人も子どもも喜びそうな市民のための公園になっていた。日本人留学生の間でも、どことなく日本の武蔵野の風景が思い出されるところがあって人気があり、森鷗外《もりおうがい》も『独逸日記』の中に「コンネヰッツの近傍に舟を廻らし」などと書いている。亮一の日記を引用すると、

山内が、コンネウィッツ（Konnewitz）の景色がよいから案内しようとのことで、町をはずれて川に沿うて上る。川には沢山

細長い色々の形のきれいなボートが浮いている。一時間六十文で貸すとのこと。やがて川は森の中に入る。まだ若芽が出たばかりで冬木立という有様だが、初夏になるとよかろうと思う。川向うに川に沿うて江戸川の茶屋（夏、関口に出来る）式の飲食店がある。水神亭という名である。渡しで渡ってその内に入れるようになっている。川は丁度江戸川位の広さで水は一ぱいある。黒ずんでじーっとしている。流れているようには見えない。男女が沢山舟をこいでいる。女が一人でこいでいるのもある。これを右に見て更に山を進む。散歩の人がぞろ〳〵してる。まだ見たことはないが東京の小金井はこんなところだろうから、新小金井とでも名づけたらよかろうと言うと、西という人がすでに思いついて、ライプチヒの小金井という名をつけたとのこと。七、八丁いくと、道が方々に分かれて原に出る。この原には鹿が二、三十疋居た。パンのようなものを子供がやっている。角のあるのや、子供鹿やら、色々広い芝原に寝たり歩いたりしている。正己に見せたいと思った。ベンチに腰を掛けて休む。これはやはり市が公園的に作ったものである。原の広さは日比谷公園位あった。帰りは電車にしようかと山内が言ったが、いい天気だから歩いて帰ろうと発議して、道を変えて歩く。れんげ、たんぽぽに似た花がちょい〳〵咲いてる。自転車道、馬道などと、やはり森の中に縦横に道がつけてある。ぐる〳〵回ってまた水神亭に来た。一服しようとて、渡しを渡って茶屋に入る。コーヒー、菓子をあつらえる。茶屋は七、八十人くらいしか入れぬような小さいもの。水の上に浮かしてある。七、八分人が入っていた。一時間ばかりボートこぎなど見物して、江戸川の舟のことなど話し合っていたが、渡しで渡ってそろ〳〵歩く。山内が金を払ってくれた。川の下の方に鉄の吊橋が出来ている。その横の広場は競技場で、金を賭けてばくちをやるのだと山内が説明していた。そのうちに始まるそうだから、一見したら報告する。吊橋は中央頃にゆらり〳〵と動く。長さは十七、八間位だろう。

この「新小金井」は、よほど気に入ったのか、帰国するまでに仲間と何度も訪れている。そのように、当時のライプツィヒには、市街地から手の届くところに広大な公園が幾つもあって、というか、自然が残されていて、それらが市民の憩いの場、思索の場、あるいは音楽会場を設けるなどの文化教養を高める場として存在していた。先進国として工業化、都市化を目指しながら、あくまでも森や緑を大切に残しているところに、森の民族ゲルマンの伝統が感じられる。ただし、その後の二つの大戦や政治体制の変遷を経ているので、ライプツィヒの公園群も当時とは様子が変わっているかもしれない。最新の観光案内では、ライプツィヒの公園と言えば、ヨハンナ公園とクララ・ゼトキン公園が主流である。どのように再編成されたのか、機会があったら調べてみたい。

第十二章　新見君

日本人会の会場ドイッチェス・ハウス

訪問者

ライプツィヒに到着した当初の半月は、下宿のドイツ人達との共同生活で会話力を磨くことと、地図を頼りに市内を散策することで、時間が過ぎて行った。

ゲッティンゲンと違って、広いライプツィヒでは、日本人同士が出会うこともめったになく、日本人会と言っても月に二度の例会があるだけで、ゲッティンゲンのような親密な行き来はなかった。亮一は、ゲッティンゲンにいた頃、毎日毎晩日本人が集まって日本語で話すことに途中から疑問を持つようになり、これではわざわざ留学した意味がないと思っていたので、ライプツィヒではそうならないように、自分を戒めていた。到着した翌日の日記には、「今日は一言も日本語を話さなかった。うれしい」と書いている。

しかし、そうは言っても、いつまでも一匹狼を続けるわけにも行かないことはわかっていたので、ゲッティンゲンの仲間だった吉川実夫《よしかわじつお》氏（数学者）が紹介してくれたライプツィヒ在住の新見吉治《しんみきちじ》氏（歴史学者）には、到着した翌日にはがきを出し、「不日伺う、いつ在宅か」と尋ねている。新見氏からは、待ってましたとばかりに返信が届き、その五日後の三月八日の午後には、待ち切れぬように「新見君」の方から突然の訪問があった。

散歩から帰り、新聞を広げて見かけていると、新見君来る。初対面の挨拶をしてぽつりぽつり色々の話が始まる。コーヒーを出す。新見君は文学士で歴史の先生。広島高等師範の教授だ。三十三年の卒業というから、三十八、九歳の年齢。小作りのしっかりした男。この十一月には期限が来て帰るとのこと。色々の土地の話などを聞く。ライプチヒには一年以上前に来たが、初めに見物しなかったので、どうもその後折がなく、どこも知らないと言っている。僕の方がよけいに知ってるようだ。

新見君こと新見吉治（一八七四―一九七四）は、一九〇八年から三年の予定でライプツィヒに滞在していた。官費留学である。亮一が書いている通りこの年で満期になるところだったが、その後文部省に申請してさらに一年延長して、翌年帰国している。ライプツィヒ大学の歴史学者カール・ランプレヒト（一八五六―一九一五）に師事、多大な影響を受けた。専門は歴史教育。帰国して広島高等師範教授を務め上げた後、百歳の天寿を全うし、その晩年（九十五歳のとき）に教え子が「頌寿記念」として著書『分け登る歴史学の山路』を出版、その中にドイツ留学のことが詳しく書かれている。教育者らしく、面倒見がよく、亮一も新見君からは色々なことを教えられて、留学生活の指針を得ているが、この日は手始めに次のような話題で終わっている。

名誉領事モスレー氏は、日本に廿年も居て築地に商会をしていた人。語学も自由に日本の詞《ことば》を話す。夫人も少しは分るとのこと。名誉領事故《ゆえ》、仕事はせず、只名義だけである。訪問をすると喜んで、折があると又招待してくれるから行ってやれと言っていた。見得ばる男で、日本の領事ということを大変自慢にしているので、日本人があまり来ないと面白くないと思うのか、しきりに来い〳〵と言うているとのこと。五月と天長節には日本人一同を招くとのこと。この外ズスマンという老人、六十四、五の日本びいきの人が居る。四度日本に行ったことがあるが、只旅行して大変日本が好きになったとかで、非常な日本びいき。時々皆を集めて馳走する。五月の日本海戦（日露戦争の）の記念日には日本人を招き、沢山独乙《ドイツ》人も寄せて盛んに馳走する。独乙は目下ロシヤと仲がよいので、新聞などでこの老人攻撃される。それでも平気なものだとのこと。時には訪問すると、これから一処に旅行しようなどとだしぬけに言い出し、二夜泊りで山の方に遊び回ったことがあるとか。とにかく、一種の奇人だそうな。財産はうんとあり、実業界にも勢力があれば、保険会社の方のことなど調べるには都合がよかろうとのこと。どんなことでも喜んで尽力してくれるそうな。夫人は一昨年死し、二人の子はもう妻君がある。楽隠居というような姿だそうな。当地では二百マルクもあれば十分でしょうと言うていた。この次の日曜、昼食に日本めしを下宿に炊かすから来てくれと招待された。当地には勿論日本料理はないそうだ。滞在日本人は皆古い人ばかりで、中には十四、五年も居る馬越という人（日本に居る時から名を聞いていた）その他五、六年の人が多い。何れも自費の連中が主であるとのこと。凡てで十六、七人、月に二度（第一、第三土曜日）夕方よりドイツハウスという家に集まり、コーヒーを飲みながら話をする。十一時頃からそろ〳〵顔が揃うという風で、どうかすると二時頃迄話をして分かれることがある。然しみんな集まることは滅多にないそうだ。その他に日本人同士一処に集まったり互いに行き来をしたりすることは全然なしとのことである。月沈原《ゲッチンゲン》と異なり、いい風であると思う。

当地大学の文科では、日本を研究せる人多く、大学総長も大変日本のことを調べている。学生にも目下日本のことを研究しているものが多いとのこと。中々話の好きなおだやかな人で面白かった。ここに来て一週間目に初めて日本語で話をした。話の最中に独乙語が入りたがって困る。

ここで総長とあるのは、新見君が師事していた歴史学者カール・ランプレヒトのことで、当時ライプツィヒ大学の総長を務めていた。彼に傾倒する日本人留学生は他にもいて、後の章で登場する「三浦《みうら》君」は留学当初の目的は商学の研究だったが、ランプレヒトと出会って歴史学に目覚め、三年の予定だった留学を九年に延長して歴史学者になった。新見君も三浦君も、帰国後それぞれの大学で教えて多くの後進を育てた。ランプレヒトの歴史学は日本の学界に脈々と継承されている。

ちなみに当時、ランプレヒトと並んでライプツィヒ大学の看板教授だったのは、心理学のウィルヘルム・ヴント（一八三二—一九二〇）である。ヴントは実験心理学の創始者である一方で、『民族心理学』全十巻を著している。ランプレヒトの学風はヴントの樹立した民族心理学の影響を多分に受けたと言われている。

また、話の中のズスマンという人物は、棕梠園に日独燈と東郷燈を建てた人である。ライプツィヒ有数の資産家で、自宅には日本の美術品を集めた展示室があると、後に亮一が日記に記している。

日本人会

新見君を通して日本人会にも足がかりが出来た亮一は、その後四月の例会に初めて出席、七月にはさっそく会の幹事役を引き受けている。ゲッティンゲンほどではないけれど、そこから次々と親しい交友関係が作られて行ったのは、亮一の生来の社交性によるところも大きいと思われる。それればかりか、前述の三浦君をはじめ、心理学の桑田君、宗教学の石橋君等とも、いつの間にか一緒に玉突きを楽しむ仲になっていた。（さすがに月沈原のように毎夜々々玉突きということにはならなかったが。）

ちなみに桑田、石橋両氏のプロフィールを亮一の言葉で述べると、「桑田君は文学士で心理学を研究している。自費。兄さんは熊蔵《くまぞう》と言って貴族院議員のかなり有名な男。又桑田君は芝居が好きなので、二人で日本の劇評などす」であり、「石橋君は文学士で、当地に来てランプレヒト先生（新見の師）に傭われて翻訳物をする。クリスト信者だそうな」ということである。

補足すると、桑田芳蔵《くわたよしぞう》（一八八二—一九六七）は鳥取出身、東京帝国大学哲学科心理学専修卒業後、大学院を中退してドイツに留学、ウィルヘルム・ヴントに師事し、帰国後母校で民族心理学を講じ、後に教授を務めた。東京大学東洋文化研究所の初代所長でもある。主著は『ヴントの民族心理学』。また、石橋智信《いしばしとものぶ》（一八八六—一九四七）は、北海道出身、東京帝国大学宗教学科卒、内村《うちむら》鑑三《かんぞう》、植村正久《うえむらまさひさ》に師事し、一九〇九年ドイツに留学、ベルリン大学とライプツィヒ大学で学んだ。帰国後母校で教授を務めた。ヘブライ学者として知られている。

このように、亮一は新見君と出会ったことによって、自分一人では得られない情報や知識や人脈を手に入れることが出来たのだった。

第十三章　スパーマーの宿

ブラウ通り付近　右端がスパーマー家の建物

久々の日本食

それから十日後の土曜日に、新見《しんみ》君は自分が下宿しているスパーマー家の昼食に亮一を招待してくれた。

「スパーマーの宿」は、ライプツィヒの日本人留学生の間では、日本食を食べさせることで有名だった。パイネ家やシュレーダー家と同様、書籍商だった夫を八年前に亡くして寡婦になったスパーマー夫人が娘と二人で下宿を経営していたのだが、二人とも日本が大好きで、前述の『分け登る歴史学の山路』によると、日本の祝祭日には日本国旗を掲揚するほどの日本びいきだった。

新見君は基本的には三食を自室で済ませていたが、時々母娘《おやこ》と一緒に日本食を食べることもあった。また、この日のように特別に注文すると、来客のために日本食を用意してくれるのだった。

その日の訪問の様子を次に引用する。

（三月十八日の日記）

洋服を着換えて出る。新見君訪問の為なり。はがきをポストに入れる。市場のにぎやかな通りをよけて、ケーニヒ広場を左に見て進むこと約五、六丁、ブラウ町一番地に達す。ベルを押せば娘出て来る。直ちに部屋に入る。同君の部屋に一日本人あり。山内《やまのうち》君という。新見君の紹介で挨拶す。高等工業出身にして、目下当地の機械を作る会社に入り、実地の仕事を見習えりと。年廿三歳、当地にはすでに二年居るとのこと。快活にして頭の低き如才なき男なり。彼は矢張りこの家に住せり。山内君は自分の部屋に帰る。色々の話の中に一時過となって、娘（廿二、三）が馳走を運ぶ。新見君の部屋にて食卓に差向かいに膳立てされたり。御馳走は約束の通り日本めし（牛乳わかしの大きいようなものの中に煮てある）で、おかずは牛肉（小切）と大根、にんじんとを煮て卵をかけたもの。塩漬大根、醤油、日本の茶。茶碗、箸もちゃんとついている。新見君はめしをつけ、菜を盛ってくれる。ビールが出たが、これは困った。［註・亮一はアルコールに極端に弱い。］新見君自身は茶碗のめしの上にすぐ牛肉と汁を共にかけて食べている。めしは日本の通りうまく出来ている。誠にひさしぶりでうまい。新見君は二杯、僕は三杯のめしを食って、一時間余りも話しながら、ゆっくりと楽しんで食う。話は千里《せんり》眼《がん》、南北朝問題、保険と歴史、夏目《なつめ》さんの博士辞退、千里眼婦人長尾《ながお》いく子の死んだこと（同君から聞く）などで、独乙《ドイツ》三界で初めて会う人と日本のめしを食って日本の話をしながら楽しむ、誠に愉快で、到底内地の人には想像されまいと思う。漸く食い終って腹がはった。西洋に居ると少食になること、日本のめしは後腹がはっていけないなど言いながら、食後のみかんを食べる。娘が食卓を片付ける。そこへ山内君がやって来た。この家は八年も前から日本人を世話している。日本語も少しずつ習っている。一から百位迄の勘定位わかる。日本のめしが好きで、家内一同めしを食べている。新見君は八月に去るが、その後にはロンドンから又日本人が来ることになっている。これから時々めしが食いたくなったら臨時に食いに来ることと約束す。はがきさえくれればいつでも用意させておくから来たまえと、新見君は言ってる。色々の話の末、謡《うたい》をうたう人が当地に居るかと聞いたら、僕がうたうと新見君が言う。やはり宝生《ほうしょう》で、広島に加賀から先生を呼んで、熱心に稽古したとのこと。その他に当地にはうたう人は居ない。新見君は四、五冊謡の本を持っているとて見せた。それは大いにうれしいとて両人共に喜ぶ。いつか一つうたおうじゃないかと約束す。

同好の士

これは亮一にとっては望外の喜びだった。亮一は社会人になった頃から謡を習い始め、かなり夢中になって励んでいた。長男正己《まさみ》の満一歳の誕生日はゲッティンゲンと大坂で家族離れ離れだったが、みつに命じ、生まれて一年目の同日同時刻に（無論時差も計算した上で）、地球の反対側で夫婦で「鶴亀」をうたったりしている。それ以前の独身時代には、友人の森田草平《もりたそうへい》の案内で夏目漱石《なつめそうせき》宅に押しかけ、漱石に謡合戦を挑んだこともあった。

久々の「日本めし」に舌鼓を打ち、久々に日本語で談論風発、その上謡がうたえるとあっては、何をか言わんやである。謡の話はまだまだ続く。

新見君は田舎芸で能も見たことがないとのこと。それから能の話などする。九郎以下宝生の若手の芸の批評などしてやると、新見君は面白く聞いている。同君は当地で会のときに西洋人の前でうたった。前に仕舞《しまい》をやる人がいて、その人が舞い新見君がうたって大いに喝采され、新聞などにも出た。学生なども聞き込んでは傭いに来る。丸で花形役者のようだったとのこと。西洋人の好むものは修羅物で、橋弁慶《はしべんけい》、箙《えびら》、八島《やしま》などを好く。舞も荒っぽく派手なのを注文する。然し真面目にすわってうたい出すと、すぐ女の客などがくす〳〵と笑い出すのは大いに閉口するとのこと。只不思議なもの、奇妙なものというので非常に好奇心に投ずる。又学生などはその意味を独乙語に訳してくれなどと言う奴がある。何となくクリスト旧教の祈りに似ているとかで、日本の謡も宗教的のものだろうなどと言う奴があり、又或時は鉢の木の前の方のシテワキの詞《ことば》の処で「なふ〳〵旅人御宿参らせうなふ」という処のなふ〳〵を長く引いて低く声をふるわすと、後で何だか大変悲しそうな処があったがあれは何じゃと聞かれたので、がっかりしたとのこと。その他詞と節《ふし》の区別が分らず、色々妙な質問が出ていつも困るとのこと。総じて強吟《つよぎん》の派手なのがもてる。そのかわり便利なのは、文句などはどうでもよろしく、違っても差支えはない。節もいいように出鱈目の、西洋人が喜びそうな風に勝手な節でうたうと、そこが大変いいなどとほめられて冷汗かくとのこと。舞をやった人もそんなに上手ではないが、中々図々しい男だったとかで、舞の中にもぐる〳〵五、六ぺんもよけいに回ったり、方々に駆けて歩いたり、跳び上がったり、めちゃ〳〵な舞を舞うと大変拍手される。謡と舞が合うどころでなく、両方ともめちゃ〳〵、時々吹き出したくなった、弱ったとの話。

ライプチヒ名物

そして、この日の帰りがけに、亮一は新見君から次のような誘いを受けた。

この次の木曜日に、Gewandhaus（音楽をやる処）でいい音楽があるから行ってみるなら御伴しようとのこと。これは冬の間廿二回やるので、この次が廿一回目で後もう一回しかなく、これを見損なうと来年の冬迄聞かれない。新見君もまだ見たことがないので見たいとの話につき、行くことに決める。新見君の説明によると、当ライプチヒは音楽では独乙一番、物によっては世界一番である。英、米、仏、露等、諸国から当地の音楽学校に音楽を習いに来てる。ライプチヒの名物は音楽であるとのこと。これは案内記にもそう書いてあった。そしてこの冬の間廿二回の音楽会は各国からわざ〳〵偉い音楽家が聞きに来る位で、上流の男女は一回も逃さずに聞きに行く。席を買い切ってしまってある。この音楽会の切符を買い切らねば巾がきかぬようなことになってるので、争っていい席を買っておく。私は何号の席を冬中買い切ったなどと自慢にする。又この中に聞きに入る二千人余りの男女は、音楽を聞く外に、衣裳を見たり見せたりする。一つは衣裳の競争である。だから上流の女の風を見るのには尤も都合がよいと書いてあった。この音楽に出る頭《かしら》（前に立って棒を振る人）は世界一流の大名人で、ここの冬の会がしまうと各国を回りて方々で演奏し、又この次の冬に帰って来てやることになっている。新見君の言うには、ライプチヒの名物といえばまあこの音楽位のものでしょう、伯林《ベルリン》でもこの上の音楽はありますまいと。仍《よっ》てかたぐ〳〵同行を決す。色々の話の中に四時になった。五時から新見君は研究室に行く筈だから、二人でぼつ〳〵散歩でもせんと、山内君に分かれて出る。音楽会場に至り切符を買わんとせしに、月曜に来てくださいとのこと。仍て切符買方を新見君に一任す。大きな建物で、冬の間に音楽の時だけ使うので、他の時は一年中空き家であるとのこと。（中略）これから何時でも日本のめしが食べられる。久しぶりで食べると実にうまかった。三杯目の半分は茶漬にした。新見君の話では、日本人が茶漬をして食べるのを見て西洋人はひどく驚いている。うちの女共もこればかりは真似が出来ぬと言うているとのこと。なるほどそうかも知れぬ。新見君が去っても、後に来る人があるから、つまり当地に居る間はいつでも日本的のものが食えるのはうれしい。山内君は早晩アメリカに回り、アメリカに暫く滞在するとのこと。

第十四章　引越しの理由

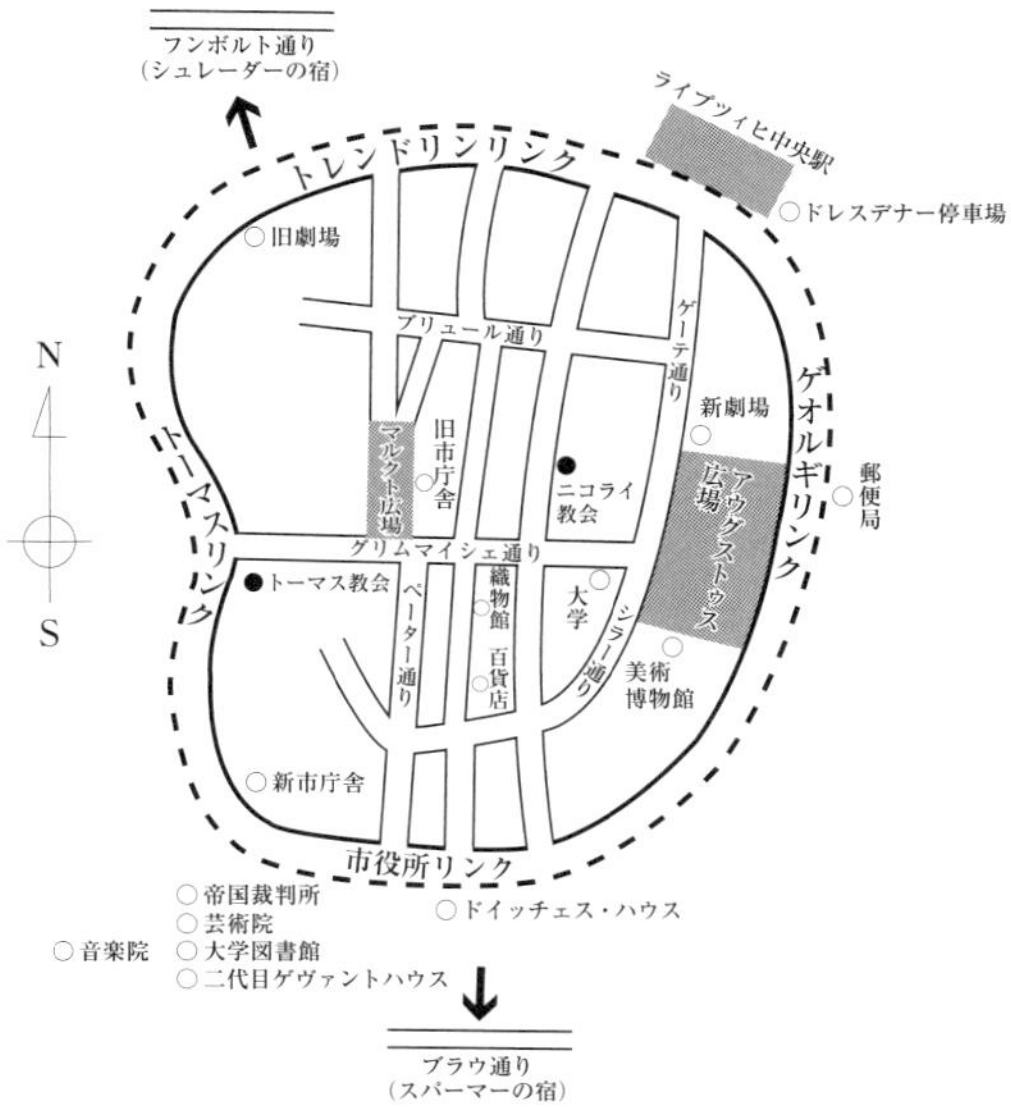

ライプツィヒ市街略図
亮一のイラストとベデカー旅行案内（1913年版）の地図をもとに作成

勉強の時間

新見《しんみ》君との出会いは、その後の亮一《りょういち》の留学生活を大きく左右するものだった。元々今の下宿にいつまでも居るつもりはなかったが、新見君の下宿があまりにも魅力的だったので、いよいよ本気で引越しを考え始めた。

日本食が随時食べられることも大きな魅力だが、理由はそれだけではない。

当時大学の図書館や研究施設の多くは、丸の内の北側でなく南側に集まっていた。また、月に二度日本人が集まるドイッチェス・ハウスも南側にあった。したがって日本人留学生の多くは丸の内の北側ではなく南側に下宿していた。亮一としても、やはり近くに留学仲間がいる方が何かと心強く思えたのだろう。

しかし、それより何より、ライプツィヒに移って半月たったこの頃になって、亮一は散策の前後に専門の勉強をするようになり、それが段々面白くなって来たのだ。

(三月十七日の日記)

朝から今迄勉強。もうそろ〳〵独乙《ドイツ》に来て半年にもなるから、専門の方にどん〳〵進みたくてならないので、二、三日前から保険の法律の方を研究し出した。久しく待ち焦がれたこととて大いに愉快でたまらない。なるほど人が皆言う通り、こうなると語学の稽古などに沢山時間をつぶすのが惜しくなる。一時間でもそんな方の時間をこちらにかけたくなる。僕などは語学の進歩は早かったから、もう専門にばかりかかってもよかろう。但し語学の方はいい先生が見つかれば一週二時間か一時間は取ることとする。それに独乙人の家庭内にぶつかってどん〳〵毎日話す。直してもらう。向うの言うことを覚える。先生は取らずとも日に〳〵進むばかりである。外の日本人は十中八九は宿だけ取って食事は外で食べる。飲食店に行く。値段はあまりちがわないし、窮屈でなくてよい。寺田《てらだ》君の如き、二年も伯林《ベルリン》に居て、食事は飲食店で日本人同士集まりて食う、殆んど独乙の家庭を知らなかったと言うている。月沈原《ゲッチンゲン》に来て家庭内に入り、初めて語学の研究をしたと言うていた。従って僕等よりはもっと話がまずかった。新見君の如きもやはり自分ひとりで食べるのが主であるとの話をこの間していた。僕はいきなりパイネの家に入り込んでもまれたから、非常に幸いだった。こちらに来ても窮屈を感じない。上品なパイネの家でもまれたから、こちらに来ると非常に食事の時など楽に思う。人の話には、ホームシック（郷愁病）の起るのは言葉の不自由な間、即ち初めの半年には必ずやられると言うことだが、不思議に且つ仕合せに、僕は経験せずにすんだ。頭痛、不眠、憂鬱などということはなく、よく寝られる。頭はよい。いつも元気。誠に幸いなることであった。半年の過ぎ去った後を顧みると、語学の為には随分苦しんだが、今になるとこの苦しみが非常な利益であった。実に愉快である。人は苦痛に打ち勝たねばならぬ。

これを読んでも語学、特に会話に関しては相当な自信が窺えるが、ついでのことに、亮一のドイツ語はスパーマー家でも絶賛されている。

みかんで思い出したが、こちらの奴はみかんの中の薄皮をとって袋のまま食べる。消化にはよくないことは明らかであるが、誰でも袋ごと食べる。この袋のことは独乙語でSchale(シャーレ)と言う。昨日新見君の所で家の人等と食後みかんを食べながらこの話をして、こちらの人は袋ごと食べるが差支えはないのかと聞いた。とっさの間にシャレを言って大笑いだった。差支えないかということを「シャーデット、ニヒツ」(Schadet nichts?)と言う。これをもじり変えて「シャーレット、ニヒツ」と言ったので大喝采。独乙語でシャレが言えるようになればもう結構だとの評判だった。

シュレーダー家の女子会

ちなみに寺田《てらだ》寅彦《とらひこ》は随筆の中で、自分がドイツ語会話に苦労した話のついでに、「留学生の中には女子供相手だと流暢にしゃべる者も居た」などと皮肉めいて書いている。しかし、亮一もそろそろシュレーダー家の女子会の話題ばかりでは物足りなくなって来たようだ。日記には「女子会」の次のような座談も記されている。

女共ががやく〳〵出鱈目の話をして、天文などというものは当てにならぬなどとしゃべり出し、とう〳〵当てにならぬと決議した。ずい分乱暴な奴もあると思うたから、だって日蝕、月蝕はちゃんと一秒もちがわず合うじゃないかと言うたら、そりゃそうですねと一本閉口していたのがおかしかった。日本の汽車賃はいくらかと言うから、一マイル（イギリスの）一銭五厘即ち三文じゃと言うと、大変安いと驚くので、独乙はいくらかと聞くと知らないと言う。何を標準に安いと言うかと聞くと、只安いと思うから安いと言ったとのこと。ずい分馬鹿にしてる。しかし、分らずなりに安いと驚いた処はよかった。とにかく話が上手で、賑やかに話をして白けないのは感心である。学ぶべき点だと思う。

三月二十四日はシュレーダー夫人の誕生日で、夕食には大勢の女性客が集まって賑やかに過ごした。娘のマルタは結婚前なので皆から冷やかされながら、その辺にある食器や道具などを指差して、これも持って行く、あれも持って行くなどと言ってはしゃいでいた。

その日の様子が次のように記されている。

かみさんの誕生日。食堂に行くときれいに飾って大きな食卓を出し、膳部も大数である。花などぷんく〳〵してる。女が大勢集まったこととて賑やかなことおびただしい。盛んに人の悪口を言ってる。あ、見えても金がなくて困ってるので家賃など二回分溜っている。そうだろう、かみさんが派手だからやり切れないなどと、誰のことだか分らぬが、大ぜいで話を合わしている。一人の女は頗る滑稽な女で、いつも人を笑わす。自分の母親が今八十で大分とぼけて来たという話を、声色を使ってやる。僕に分るかと言うから皆分ると言うたら、さあ大変、取り返しがつかぬ、日本に帰ってから独乙にこんな馬鹿な女が居たなどと言うてはいけませんよ、などと盛んにはしゃいでいた。

新見君と内容のある話をした後だと、こういう他愛のない会話は時間の無駄のように思えたかもしれない。また、初対面の頃のよそいきが、慣れ親しんで来るにつれてほぐれて来るのも致し方ないことで、最初は若いのに随分大人に見えたジーモント君も、ここに来て年相応の子どもっぽさを見せるようになった。毎晩のようにトランプの相手を探して、誰も相手にしないとシュレーダー夫人が気を使って人を集めたりしている。また、日記には次のような出来事も書かれている。

夕食後ジーモント君が食堂で例の音楽をやる。ベーム嬢と僕は聞き手。嬢は編み仕事、僕は新聞読みながら聞く。内の人は芝居見物に行って留守だった。S君が得意になってやっていると、女中が台所から大きな声で、調子はずれだと言って笑ったので、S君が楽器を投げ出して怒り出したのを、ベームと二人で色々なだめて又やらした。女中との間にかねてから感情の衝突があるのですと、ベームが言うている。

日本びいきの本屋

それはともかく、元々本を読むことが好きな亮一は、散歩の途中で立ち寄る本屋の主人と懇意になり、専門書等を買い集めている。

（三月二十二日の日記）

日本人の取りつけのフヲックスという本屋に入る。日本の大学、文部省等の得意で日本人を歓迎する。そこに行って五、六冊の大小の本を注文し、序《つい》でに色々の本の目録を送れと命ず。日本人には一割五分の割引をする。夕方届けさすこととして出る。（中略）食事中本屋から本が届いた。女中に言いつけて机の上にのせておけと命じた。調べて見ると、保険百科全書一、独乙歴史三、外国字辞書一（これは英仏等の外国語が独乙に入り来ってすでに独乙語になり切ってるのを集めたもの。主にラテン語が多い。元の意味の外に変った意味の出来てるのもある。）、目録五、六冊。女の人が呉服屋に目がつくように本屋に行くと欲しい物ばかりで中々気がもめる。と言って今すぐ要るという物はないが、女の着物と同じことだ。本を買うのは実に楽しみ。毎月少しずつ買っても帰る迄には大したものになる。

この通り、本が好きで目につくと買い集めていたことが、この後の日記にもしばしば認《したた》められている。翌年の暮れにみつに宛てた手紙には、欲しい本を書きつけて置いたら五百冊ばかりになっていて、日本に持って帰るつもりと書いている。

ここに至って亮一は、食事時間の制約等を離れて専門の勉強や読書の時間を自由に作りたいという理由で、下宿から新見君の近くに転居することを本気で考え始めた。それをシュレーダー夫人にいつ切り出すか迷っている。そのように新見君との出会いによって、亮一の留学中の生活の形態は大きく変わることになった。

貴重な情報――必見のコンサート

しかし、その中でも私が特筆したいのは、先日の別れ際に、新見君がゲヴァントハウスの音楽会に誘ってくれたことである。

以前、ジーモント君の案内で、バッテンベルヒの寄席を楽しんだことがあったが、その後一人で行って見たら、あまりの風俗壊乱に驚いて、よく警察があれを黙認しているものだと日記に書いている。ちなみにライプツィヒには、当時クリスタルパラストという一番人気の大きな寄席があったが、バッテンベルヒは一九一三年版のベデカー旅行案内にも載っていないので、おそらく二番手三番手の寄席だったのだろう。新見君が音楽会に誘ってくれなければ、亮一のドイツでの音楽体験は、ジーモント君のチターとバッテンベルヒで終わっていたかもしれないのだ。

それはともかく、先にも述べたように、かねてから私がどうしてもこれだけは活字にしておきたいと願っていたのは、亮一がアルトゥール・ニキシュの指揮するライプツィヒ・ゲヴァントハウス管弦楽団の演奏を聴いたときの記録である。

日本人と西洋音楽との出会いは、歴史的に見ても、私個人の体験から考えても、私にとって人生最大の関心事と言っても過言ではない。

十九世紀末から二十世紀初頭にかけて、世界有数の指揮者として西欧の音楽界に君臨していたニキシュであるが、当時のこととて映像も音源もほとんど遺されていないため、今では幻の指揮者と言われ、その指揮ぶりについても両極端の説があるし、録音された数少ない中の一つであるベートーヴェンの第五交響曲「運命」も、トスカニーニによれば、「ニキシュの演奏とは思えない」のだそうだ。まして、ニキシュの演奏をその場で見聞きした日本人は非常に数少ないと思われるし、その中でも、詳細な観察記録を遺しているのは亮一くらいのものだろう。

それでも、ごくまれにではあるが、在独中にニキシュの指揮するオーケストラの演奏を聴いたと書かれたものを見ることがある。

亮一よりも約十年前に日本からライプツィヒに音楽留学した作曲家滝廉《たきれん》太郎《たろう》（一八七九―一九〇三）は、当然音楽院の院長だったニキシュの指揮に接する機会があり、「ニキシュの指揮は上手だ」と書き遺している。彼のような音楽の専門家以外にも、たとえば、亮一の留学当時日本大使館の書記官としてベルリンに駐在していた武者《むしゃ》小路《のこうじ》公共《きんとも》氏（後に日独防共協定のときの駐独大使を務めた外交官、亮一とは大学の法科で同級）が、随想集『滞欧八千一夜』の中で「昔伯林《ベルリン》でリヒヤルドストラウスが又ライプチヒでニキッシュが指揮した第一流のオルケストルの第九を聞いて音痴ながら随喜の涙を流した記憶がある」と書いている。また、音楽評論家柴田南雄《しばたみなお》氏の著書の中にも、氏の父上が昔ライプツィヒでニキシュを聞いたというくだりが見られる。しかし、どちらにもそれ以上に詳しい記述は見られない。亮一の場合は、詳細な説明に加えて、ゲッティンゲン篇の「決闘見物」と同様、イラストと絵はがきまで添えられているのである。

そのように今では伝説的な存在として語られることの多いニキシュだが、私が「獨逸だより」のこの部分に心を惹かれたのはニキシュのことだけではなく、むしろあの時代の日本人が初めて西洋音楽、その中でも特に大編成のオーケストラと出会ったときに、何をどのように感じたかということである。それは、日本に生まれ育った私自身が、明治時代に比べればはるかに西洋音楽に親しむ機会は多かったとは言え、これほどまでに（どうしようもなく）音楽が好きになってしまったこととも関連して、非常に興味深いことだった。

また、亮一の記録を通して、当時のヨーロッパの、特にドイツの音楽事情やニキシュの活躍の場であったライプツィヒの音楽会場ゲヴァントハウスの沿革についても知りたいと思った。それは取りも直さず、ドイツという国の歴史における市民共同体の成立に、音楽文化がいかに寄与したかを辿ることにもなる。その音楽文化が明治から大正にかけて日本に導入され、どのように定着して行ったかを考えることは、素人でありながら、また日本人でありながら、西洋音楽が終生の友となってしまった私自身の人生とも無関係ではないと思ったのである。

そういうわけで次章では、日記に書かれた「音楽会」の記録を紹介する前に、音楽会場ゲヴァントハウスの沿革について、その概略を述べようと思う。

第十五章　二代目ゲヴァントハウス

二代目ゲヴァントハウス全景

市民共同体と音楽

二十一世紀の今日もなお、世界有数のオーケストラとして知られるライプツィヒ・ゲヴァントハウス管弦楽団の名称は、字義の通り、織物業の組合が見本市のために使用していた「織物館（ゲヴァントハウス）」に由来している。

ライプツィヒでは、一七四三年に、商人達の発案で世界最古と言われる民間オーケストラが結成された。

当初の楽員は僅か十六人で、それから四十年近く、ブリュール通りにある「三羽の白鳥」という名のホテルで演奏活動を続けていたが、聴衆が増え過ぎたため、一七八一年から「織物館」の図書室が演奏会場として利用されるようになった。と言っても、最初は客席が五百席しかなく、木造の二、三階の吹き抜けで音響も悪かったので、その後改修され、客席が千席になった。

しかし、やがてそれでも手ぜまになったため、新たに市の南のグラッシ通りに音楽会専用のホールが建設された。落成は一八八四年のことである。ゲヴァントハウスという名称は記念に残して、当時は新ゲヴァントハウス、あるいは二代目ゲヴァントハウスと呼ばれていた。（亮一《りょういち》は日記に「衣裳座」と書いている。）

それは、新古典主義の建築様式の馬蹄形コンサートホールで、収容人数は大ホールに千五百人、小ホールに五百人という堂々たる音楽会場だった。特に音響が素晴らしく、千五百人の満席時でも二秒の残響を保っていたと言われる。当時の絵はがきを見ると、いかにもその時代のロマンを感じさせる白亜の美しい建物（表紙絵参照）で、三角屋根の破風を「アポロンと羊飼い」の彫刻が飾っていた。髙辻亮一がニキシュの指揮するゲヴァントハウス管弦楽団の演奏を聴いたのは、この二代目ゲヴァントハウスだった。

最初の仮住まいからおよそ百四十年後に、これだけの音楽会場が造られたということは、音楽がライプツィヒ市民に歓迎され、ますます愛されるようになり、市民の生活と一体化したことの証であろう。

それ以前のヨーロッパでは、音楽は主として教会で神を讃美するためか宮殿で王侯貴族を楽しませるために存在していた。その楽しみを、ゲヴァントハウスは一般市民に開放し、入場料さえ払えば誰でも聴けるコンサートを提供した。その後ドイツ音楽は、民衆の中にあって発展して行くのである。

元々ライプツィヒは、西洋音楽史上でも重要な土地で、バッハが人生後半の二十七年を過ごし、シューマン、メンデルスゾーンもそこで暮らしながら数々の名曲を書いた。ワーグナー生誕の地でもあり、モーツアルト、ブラームス、リストも訪れている。散歩の章で取り上げた詩人シラーが小さな家に住んで「歓喜の歌」を書いたのも、ライプツィヒである。

そのライプツィヒで設立された世界最古の民間オーケストラが、「織物館」を演奏会場として使ったことから、ライプツィヒ・ゲヴァントハウス管弦楽団と呼ばれるようになり、以来、その名称は今日まで続いていて、歴代常任指揮者の中には、メンデルスゾーン、ニキシュ、フルトヴェングラー、ワルター、マズアといった著名な指揮者が名を連ねている。

同オーケストラは、歴史に残る数々の名曲を初演している。ベートーヴェンのピアノ協奏曲第五番「皇帝」、シューベルトの交響曲第九番「ザ・グレート」、メンデルスゾーンの交響曲第三番「スコットランド」、シューマンの交響曲第一番「春」、ブラームスのヴァイオリン協奏曲、ブルックナーの交響曲第七番など、今日世界中を楽しませている名曲の数々が、世界に先駆けて演奏されたのである。

「ザ・グレート」は、シューマンが旧シューベルト宅で楽譜を発見してメンデルスゾーンに送ったもので、初演はメンデルスゾーンが指揮している。ブラームスのドイツ・レクイエム全七楽章を初めて全曲演奏したのも同楽団だった。ブラームスのヴァイオリン協奏曲は、名手ヨアヒムが独奏している。

そのように、十九世紀から二十世紀初頭にかけて、ライプツィヒは音楽都市として世界に君臨していた。それは市民社会が音楽を育てたと言うよりも、反対に音楽が市民共同体の形成に大きく寄与したと言う方が当たっている。音楽文化が市民のものになり、世界に誇る共有財産となったことで、統一された共同体の成立が促進されたのである。さらに、その頃作られたコンサートホールは、新しく生まれた近代市民に音楽を通して一体感を与える機能を果たしていた。

ドイツという国は、まず文化国家が、次に経済国家が成立し、最後に政治による国家統一がなされた（松田智雄『音楽と市民革命』岩波書店、一九八五年）とも言われる。もちろん、文化の発展のために経済的な基盤は欠かせないし、国家の保護が必要であることは、言うまでもない。

文化と土地柄

ここで、文化を音楽に限定せず、美術についても言及すると、亮一は三月十七日の金曜日に新劇場の向かい側にある美術博物館に足を運んでいて、その日の日記に次のように認《したた》めている。

（三月十七日の日記）

（前略）食後、美術博物館見物に出る。博物館は今日は入場料只。日により同じからず。

左の通り。

日曜、祭日、水曜、金曜　只

月曜　一マルク

火、木、土　五十文

月曜の日には学生（美術学生）が沢山来て画を写す日だそうだ。この邪魔にならぬように特に高くしてあるのだ、とかみさんの話。火、木、土の五十文は理由不明。多分やはり写生の為だろうとのこと。今日は金曜日で只であった。入口で画の説明書を買う。六十枚ばかりの傑作の画が写真になって入っている。いい記念である。代価二、〇〇。下の階は石膏細工等の彫刻が主である。上の階には油絵ばかり。油絵では大いに感じたものが沢山あった。広漠たる平原、深山、大風雨、ヤソのはりつけ、その他色々のものがあるが、何れもいいのは非常に人の気を引く。日本では油絵を見てそんなに心に感じたことはないが、今日いいのを見て初めて油絵の妙味がわかった。やはりいい絵は違った処があると思う。喜怒哀楽、沈静、恐怖、平和などの心持をよく表わしている。中にはあまり感心しないのもあるようだが、そのかわり中には大きな二間四方位なので何とも言えぬいいのがある。光線の取り方も大変よくなっている。裸の絵は大変に多い。男の方は前を出しっぱなしにしてある。女の学生が一人絵を写していた（油絵）。七、八分見た処でベルが鳴った。三時に閉め切るので、已むなく出る。この外にまだ特別に金を出して見せるのがあるので、何れも一度も二度も行ってみる積りである。

これを見ても、音楽に限らず広く芸術一般が大切にされ、文化が育つ土壌があったことがわかる。現在の観光案内を見ると、ライプツィヒには美術館が沢山あるようだが、亮一がこのとき足を運んだ新劇場の向かい側の美術博物館（Museum）は、戦災に遭った後、修復されることなく姿を消している。一九一三年版のベデカー旅行案内によると、絵画のフロアがあって、その階下に彫刻のフロアがあり、有名なクリンガーのベートーヴェン像もそこに置かれていた。

経済に関して言うと、ライプツィヒは古くから市《いち》（メッセ）が盛んだった。交通の要衝でもあり、周辺での工業の発達やザクセンの手工業の発達に加えて、ポーランドなどからの出稼ぎを受け入れたこともあって、メッセといえばライプツィヒと言われるようになった。旧東独時代になっても大

書籍業組合建物

規模な見本市が開かれ、対西側窓口の役割を担っていた。

亮一が床屋に聞いた話では、「市（メッセ）は一年に大小あわせて四度立つ。一番盛んなのはこの間の見本市というので一週間、その次は来月廿四日から四週間続くオスターン（復活祭）の市、その次は秋の市、その次は正月の市」ということであったが、それ以外に、書籍市も開かれていた。

書籍、出版に関して言えば、ライプツィヒは当時世界一を誇るほど盛んだったことは、書籍業組合の建物（第二次世界大戦の空爆で焼失）の絵はがきからも想像出来る。そして、音楽文化はいつの時代でも出版（楽譜、評論）によって支えられる面が大きいのである。

また、亮一の日記には、ライプツィヒの土地柄や市民の気風が商都にふさわしく、日本で言うと名古屋に似ていると書かれている。ちなみに、亮一を音楽会に誘ってくれた新見《しんみ》君は名古屋の出身、同宿の山内《やまのうち》君は江戸っ子である。三人でライプツィヒのドイツ語の訛りについて話しているくだりがある。

新見君は名古屋、山内君は東京生れである。山内が独乙《ドイツ》語習い初めにヒとシの区別に困ったとのこと。ありそうなことである。新見は名古屋でいつも大根の自慢ばかりすると、娘が笑っている。僕は、ライプチヒのなまりは名古屋なまりに似ている、人気も似ている、町の具合もそうだと言ったら、それでは互いに喧嘩することはよしましょうと笑っていた。実際、商業の盛んなこと、人間のおだやかなこと、商人気風なること、詞《ことば》のなまりなどよく似ている。

訛りの件に関しては、シュレーダー家でも次のように話題になったことがある。

当地では急げということ(早くしろという意味)をメアタといい、パンのことをベメと言う。字引にも何もなく、且つザクセン州だけの詞で外には通じない。その他gとkの区別、pとbの区別もない。なまりの多い処である。それからマイネ(私の)をメーネ、アイネ(一つの)をエーネ、ワイヒ(柔かい)をウェーヒ、といったようになまる。初めはよほど気をつけないとわからなかった。丁度江戸っ子が「かえろう」を「けえろう」と言うのと同じなまりである。むしろ名古屋の「きぁえろう」というのに近い。江戸っ子のはきく〵したのよりも名古屋のでれく〵したなまりのほうが、当地のなまりによく似ている。人間も名古屋人のようにおだやかで、江戸っ子的の気の早い処はない。

名古屋が引き合いにされているのは面白いが、とにかくそのように経済力を持った市民の富裕層が、自分達の文化として第一に選んだのが音楽だった。最初は見本市のための織物館を仮の会場にしていたのが、それだけでは収まらず、二代目ゲヴァントハウスのような世界に誇るホールが造られた。それは、市民の財力というよりも、むしろ音楽の力と言うべきであろう。

ライプツィヒ市民は、その共同体の象徴とも言うべき音楽を提供するコンサートホールとそれに属するオーケストラを誇りに思い、オーケストラの指揮者をマエストロと呼んで尊敬した。

その伝統は、時代や社会体制の変化があっても人々の心から離れることはなく、後年、と言っても二代目ゲヴァントハウスが建てられてから百年以上を経た一九八九年に、第二次世界大戦で東西に分断されたドイツが念願の統一を果たしたとき、ライプツィヒの市民運動は全国の活動の口火となってドイツ全土を動かし、ベルリンの壁を崩壊させたのだが、その運動のきっかけとなったニコライ教会の集会に端を発する月曜デモの発起人の一人が、ニキシュから数えて七代目のゲヴァントハウス管弦楽団の指揮者クルト・マズアだった。マエストロの呼びかけにライプツィヒ市民が応じたのである。発足当時から民衆の立場にあり、民衆に感動を与え続けて来たゲヴァントハウスに脈々と伝わる地熱のような精神が、そこにも感じられるのである。

失われた文化遺産

現在のゲヴァントハウス（三代目）は、アウグストゥス広場に建っている。そこは昔も今もライプツィヒ市の文化の中心で、周辺にはライプツィヒ大学、ニコライ教会、旧証券取引所など、由緒ある建物も遺されてはいるが、旧東独時代に建物の多くは解体して新築され、近代的な三代目ゲヴァントハウスと背中合わせに三十五階建ての超高層ビルが聳《そび》えている。

評判のよかった二代目の建物は、第二次世界大戦の空襲で破壊されたまま、しばらく放置されていた。その間ゲヴァントハウス管弦楽団のコンサート会場や練習場として動物園の施設などが使用されていたが、一九六八年に東独政権によって廃墟が爆破解体され、一九八一年にやはり東独政権が近代的な三代目を今の場所に新築して今日に至っている。

爆破解体して新築、ということは、世界遺産とも言うべき二代目ゲヴァントハウスの建物が永久に姿を消したということでもある。たしかに新築された三代目は収容人数が増えて設備も近代化され、立派なオルガンが設置されたけれど、失われた物の価値は惜しんでも余りあるほど大きかった。

二代目ゲヴァントハウスが特に音響に優れていたことについては、作曲家リヒァルト・シュトラウスが指揮者のハンス・フォン・ビューローに宛てた手紙の中で、「ライプツィヒの新しいコンサートホールの音響効果のすばらしさには有頂天になってしまいました」と書いていることでもわかる。

後にアメリカのボストン・シンフォニーホールが設計されたときも、この建物が参考にされている。また今でも世界有数の音響を誇るオランダのアムステルダムのコンセルトヘボウは、外観も二代目ゲヴァントハウスによく似ている。現在世界三大コンサートホールと言われているウィーン楽友協会、コンセルトヘボウ、ボストン・シンフォニーホールの中の二つが、二代目ゲヴァントハウスを参考にしているのである。

コンサートホールは、巨大な楽器にたとえられることがある。それは音響の問題だけではない。建物全体のたたずまいやそこに集まる人々、時代背景、風土など、あらゆることによってそのときの演奏が規定される。その意味では、コンサートはまさに一期一会の世界なのである。

録音されたものは、あくまでも録音でしかない。一九一一年三月二十一日に高辻亮一がライプツィヒで聞いた音楽は、誰ももう二度と聴くことは出来ないのだ。後世の我々は、遺された僅かな音源や資料を頼りにその演奏を想像するしかない。その意味でも、二代目ゲヴァントハウスが取り壊されたことは、惜しまれてならないのである。

次章で紹介する「獨逸だより」の中の「音楽会」という見出しで認められた記録には、演奏そのものだけでなく、会場に集まる人々の様子、玄関の前に並ぶ馬車の列、会場の雰囲気、休憩時間のロビーの風景、婦人客のファッションや香水の匂いのことまで書かれているので、読めばそれなりの臨場感を味わうことが出来る。もっとも、見ようによっては、それはあの時代に台頭したブルジョア市民の風俗にほかならない。東独政権が爆破解体してその名残を粉砕したかったことも理解出来ないではない。

高辻亮一が日記にも書き、妻に宛てた絵はがきの写真にも見える正面玄関前のメンデルスゾーンの銅像は、その後どうなってしまったのだろうか。おそらくナチスの政権下にあっては、ライプツィヒ市内の公園にあった同じくユダヤ人であったハイネの銅像と同様、廃棄される運命を辿ったと思われる。三角屋根の破風を飾っていた「アポロンと羊飼い」の彫刻も、灰燼《かいじん》に帰したのだろうか。

三代目のゲヴァントハウスには、一時それらの代わりのように、彫刻家クリンガーの作品であるベートーヴェン像が飾られていたが、それもやがて新設のライプツィヒ造形美術館に移された。歴史の波は容赦なく古いものを押し流して行く。それは自然の営みとも言えるが、一旦失われたものを取り戻すことは、時間を戻すのと同じくらい至難の業である。

そんな中で、初代以来、ナチス政権や東独政権を経ても変わることなく存在しているのは、ゲヴァントハウスのモットーとして継承されている古代ローマの政治家で哲学者でもある詩人セネカの言葉「真摯なることこそ真の喜び」（Res Severa Verum Guadium）で、かつては二代目ゲヴァントハウスの三角屋根の破風の「アポロンと羊飼い」の彫刻の下（表紙絵参照）に掲げられていたが、現在は三代目ゲヴァントハウスに新しく設置されたオルガンに、その文言が刻まれている。伝統はかたちではなく、心で守り伝えるしかないということであろうか。

次章では、失われた二代目ゲヴァントハウスを偲びつつ、亮一の日記の中の「音楽会」の記録を引用したい。

第十六章 「音楽会」（日記より）

二代目ゲヴァントハウスの大ホール全景

（三月二十三日の日記）

五時半迄勉強。白いワイシャツを引出しから出して着換え、ひげを剃り、新しいカラーをつけ、白いネクタイをつけ、フロックの上着を着る。チョッキとズボンは取り換えず、新調の洋服をそのまま、手袋をはめて鏡を見ると、大いに男ぶりが上がった。鼻唄か何かで少し御機嫌の調子でそこら片付け、タンス、机に凡て鍵をかけ、六時出て行く。

かみさんが台所に居たから、今夜は外で食うかどうか分らぬから、帰って食べることの出来るようにしておいてくれと頼む。楽しんでいらっしゃい（Viel Vergnügen!）と、かみさんが送ってくれた。この詞《ことば》はお楽しみにと言ったような意味で、何かのときによく使う詞である。鍵、時計、大切の書類、ハンケチ、残らず自分の身につけて出る。

まず家の横町から直行の電車があるので待って見たが、なかなか来ないので、次の停留所迄と思って歩く。まだ来ない。又歩く。市役所の前に来るとよう〳〵一台来たが、もうすぐ傍だから乗らずに歩く。

音楽会場の前を通って六時廿分頃、新見《しんみ》君の下宿に着く。新見君はめしを食っていたので、山内《やまのうち》君が出てきてたばこなどすすめる。新見君がフロック姿で出てきた。山内君は白いネクタイをつけたまえと新見君にすすめたが、なあにかまわぬとすましたもの。下宿の娘も一緒に行くとのこと。

新見君から切符受け取る。金六、〇〇渡す。この次の日曜に日本めし食べに来いとの招待。午後は何かうなってみようと相談する。娘の用意が出来て三人で出る。大変めかしたと見えて、見交わすほど美人になっている。かつぎのような外套を着て、頭に紗のような頭巾をふわ〳〵させている。藤原時代の官女のような姿である。

歩いて会場に至る。もう馬車が大分来ていた。中央の入口から入る。更に第二の戸をあけて入ると大きな広い〳〵部屋、処々に着物掛がある。女が沢山ついてる。僕は四七九、新見君が四八〇。どこだか分らぬから女に聞くと丁度ここですとのこと。外套、帽子を預ける。僕のは四七九に掛ける。着物預けの番号も合うようにしてある。金はやらんでもよいかと注意したが、要らないそうだと言ってる。娘は番号が違うので、ここで分かれた。処々丸い柱があり、床には一面に赤い敷物をひいてある。明かりも十分。きら〳〵した女共が藤原式の着物を着てうよ〳〵歩いている。

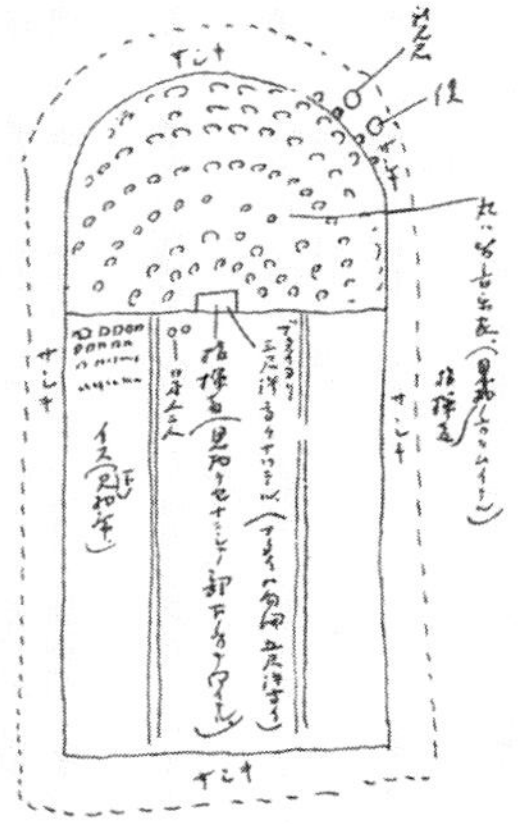

亮一が画いた音楽会場全景

階段を一つ上がると二階になる。広い廊下、ここにもあちこち女がぴか〳〵している。

喫煙室などのぞいて自分等の席に入る。吾々には丁度いい場所であった。いい席はたいてい十何年も前から買になっているのもあり、そうでなくとも相当の席は一冬いくらと、いくらか割引して買切っておく。これが交際社界の一つの見得になっている。私は何番の席を買っていますなどと自慢そうに言うのだそうだ。したがっていい席は臨時の飛入りにはとても取られない。ところが悪い席と言うものの、吾々のごときものにはあつらえむきのいい席であった。席は丁度桟敷（右側の）の舞台の裏に当る。

いい塩梅に指揮者の様子がすっかり見えるし、音楽家も八分通り見える。右の方は二分ばかり見えない。また下のいわゆる平土間の見物、正面桟敷、皆一面見渡すことが出来て、見物を見るにもまことに都合がよい。まだ人はばら〳〵しか中に入っていない。指揮者の後方に色の黒い人が二人居た。日本人だと言うと、新見君が探して見て、関と誰やらだと知ってお辞儀をしたから、僕も頭を軽くさげる。かわいそうに舞台が高い上に、指揮者の段が高くなっているので、関君等の処では舞台の上が丸で見えない。僕等の処から見ると関君等の丁度顔だけしか見えない位だった。

亮一が画いた楽器配置

七時五分位前になると、つめこんだりな〳〵色々のいろどりの男女がぎしと詰まった。千五百人入るという席は一つも空席なしである。赤青白黒紫の雑色できれいだ。その間に女の胸、頚、腕、頭などからきらり〳〵と至る処で光る。まばゆいようである。女は皆帽子を脱いで居る。次いで音楽家もそれぞれ席に着く。

色々の楽器があったが一々覚えない。また同じ鉦太鼓《かねたいこ》でも色々の形があって、それぞれ五、六人ずつ居る。百人以上の寄り合いである。

演奏の四曲

一、Romeo und Julia
二、Konzert für Klavier
三、Tod und Verklärung
四、Totentanz

註　一、チャイコフスキー　幻想序曲　ロミオとジュリエット
二、チャイコフスキー　ピアノ協奏曲第一番
（独奏　アレグザンダー・シロティ）
三、リヒァルト・シュトラウス　交響詩「死と変容」
四、リスト　ピアノと管弦楽のための死の舞踏

［註に記したプログラムの詳細は、ライプツィヒ・ゲヴァントハウス管弦楽団のコンサートマスターを十八年務めた後、東京藝術大学客員教授として晩年を日本で過ごされた故ゲルハルト・ボッセ氏が調べて下さったものである。］

指揮者は当地音楽学校教授ニキシュという人。年齢五十一、二歳。ハンガリー人にして頭髪も黒く、頗る日本人に似ている。楽員が皆席に着くと、指揮者が拍手の中に高処に上る。右の手、一尺位の細い棒を持ってる。この棒を振って指図するので、時には左の手をも用いる。左右両方で色々複雑な形をなして導くのである。その形により、どの楽器をどう鳴らすということが凡て分るようになってる。音楽が激しくなって、息もつげぬような処になると、両の手を振りまわして大変な顔をしている。

百廿人のもの尽く一時に自分の楽器を鳴らすことはないようである。バイオリンばかりの処もある。（尤も廿人一時に）。ラッパばかりの処、笛ばかりの処、胡弓《こきゅう》ばかりの処などもある。指揮者は棒を振りながら、太鼓なら太鼓のほうを鋭く目くばせすると太鼓が鳴る。掛合いなどの処でいそがしく変る時などは、指揮者のいそがしいこと甚だしく、鋭い目つきを八方に回して手を動かす。両手の動かし方は誠に器用で、踊りの下地でもあるかのように思われる。

楽員はめいめい自分の譜を見ているが、時々かなめかなめの処は指揮者の顔をちらちらとながめてる。楽員中には白髪の老人あり、廿四、五歳と思える若者あり、竪琴の中には一人の若い女も居た。

指揮者ニキシュ氏は久しくライプチヒに住み、今は世界一、二という評判の天才。冬の廿二回の演奏中の報酬は二万四千マルクであるとのこと。先達てオーストリヤの帝室劇場から高い金で買収に来たのを、ライプチヒ市民が行かれては大変だとて大いに反対の運動をしてとめてしまった。

三月三十一日迄（十月から）、毎木曜日午後七時に始まり、廿二回の役目がすむと、ニキシュは各国を回って演奏する。外国の人は、ニキシュと言えばライプチヒ、ライプチヒと言えばニキシュを思い出すほど、当地の誇りになっている。又、ニキシュは音楽界からは神様同様に尊敬されている。ニキシュの指揮で音楽をやったと言えば音楽家仲間で大いにいばれる位。昨夜の百余人の隊員は、何れも一方に有名なる人ばかりで、独乙《ドイツ》が主であるが、各国の人もよほど混じっているとのこと。

凡て初めは非常に静かで（例外はあるが）、段々賑やかになり、再び落ち着き、最後は派手に終るという風になっているように思う。静かな処になると実に消え入るような処がある。何となく悲しい、心細い、淋しい感じがする。にぎやかな処になると天地が割れるような、今にも気が狂いそうな気持がする。賑やかな調子がぱたりとやんでしまったと思うと、一隅から悲しい、細い、いい音が低く聞こえる。この変わり目が特別にいい感じを与える。自分は西洋の音楽らしいものに経験がないから、幸いに初めて聞く西洋音楽はどの位の快感を与えるものか試してみたいと、初めから新見君とも話をしていた。さあ始まると、もう浮かれてしまって何とも言えない。ただぼーっとして心が飛んでいくような気持がする。音楽の力の大なることを初めて知った。

之に比べると、日本の音楽はまだ幼稚である。悲痛の調子はあるかもしれないが、荘厳華麗と言うような、天地の崩れるような大きな処が欠けている。お座敷的の差向かいの音楽と言わねばならぬ。

音楽中は、千五百の詰め切った客一同は、恍惚として酔ってしまってささやき一つするものは居ない。指揮者は合間々々にハンケチでしきりに額の汗を拭いている。からだに力を入れて手を振る故、きれいに分けた髪の毛が乱れて額にかかる。随分後で疲れることだと思う。

第二と第四には大きなピアノが入った。二曲で二千マルクで雇われているのだとのこと。之はピアノが土台になり、他の楽器は之について相手をして行くような形になっている。百余の楽器を相手にしてピアノ一つでひけをとらずに押しつぶされもせずにやるのはえらいと思った。指の運びの速いこと、神業とは之なるべし。そしてあんな楽器から偉大なる、壮麗なる、複雑なる音を発する。ピアノは楽器の王であるということも分った。ピアノをやる人は譜を見ずにやっている。

曲中は皆静かに酔って聴いている。曲が終ると拍手鳴りもやまず、指揮者が客の方を向いてお辞儀をする、又拍手する、又お辞儀する、又拍手する。今度は指揮者が一同に起立せしめて御礼をさす。私一人の力ではないという意味であろう。ピアノの先生はすむとすぐに引込んだが、之亦も五、六回拍手の為に舞台に現れてお辞儀さされた。

僕等の席はいい具合にニキシュ氏の態度、表情をいかんなく観察し得る処であった。彼のスモーキングコートを着たる堂々たる態度、両手を美術的に動かす立派な様子、鋭き目付きを以て百余人の隊員を目くばせで導く処、調子の激したる時は、両手を高く上げて棒を打ち振り、力こもりたる為やや爪先上がりになって、真赤な顔をして指図せる態度、実に堂々として立派なものであった。よくあんな複雑な曲を覚えていると感心する外はない。そこは天才であろう。尤も時々ちょい〳〵と譜を盗み見ているが、それからそれと絶えず変り行く楽器を、少しの躊躇もなく指一本で指図する。手を上げると調子が高くなる、段々に下げると段々に低くなる。急に上げて急に下げるときなどの変化は実に心持がよい。

楽員の中には毛の黒いのが多い。竪琴《たてごと》を弾いた一人の女などは全く日本人のように黒かった。新見君の話によると、髪の黒いのはハンガリー人である。昔支那（千五、六百年前）の西域に住むハンという種族がヨーロッパを征服したことがある。其時に東洋人が土着してハンガリー国を作った。西洋人と雑婚したから段々に西洋に化しては来たが、目の色、髪の毛などは全く黒い。（新見君は歴史家である。）そしてハンガリー人はどういうものか、どんな者でも男女共生まれ乍らの音楽才がある。有名なる音楽家は多くハンガリーから出ているとのこと。実にやニキシュはハンガリー人である。

いい音楽を聴くにつけ、この上に踊りがあったらよかろうとは誰もが思う処である。音楽に踊りを組合わせたのが、ヲペラ（独乙語でヲーパー）である。其内にヲペラを見て更に変った処を報告する。本日の隊員の中には当地の新劇場のヲペラに出る人が大分いるとのこと。ニキシュ氏も元は当地新劇場の指揮者を務めていた。劇場が高い金でいい音楽家を雇い入れることが、之で分る。

七時から九時半迄の間、切れ目〳〵に三分位の休みがある。中頃廿分位の休憩があった。この時は皆広い廊下や下の部屋に行って散歩したり、ぺちゃくちゃ喋る。新見君と廊下に出ると、ぞろり〳〵長い着物の女共が居て中々うるさい。すそを踏むおそれがある。新見君は絶えず僕に注意して、女のそばに来ると「君、危ないよ、踏まないように」と口癖のように気をつけている。

日本人の二人に会おうと上下大分探したが、分らなかった。音楽中及び小さい休みの時は、女がしきりに望遠鏡を出して、あちこち見てる。容赦も遠慮もない。互いに見合ったり片っぱしから見たり見たりしている。皆衣裳の見物らしい。此処に来るのは音楽も一つの目的だが、着物を見せたり見たりするのも一つの目的である。廊下など歩くと、香水の匂いのひどいこと、鼻が曲るかと思う位である。あまり別嬪は見なかった。一、二人いいのはあったが総じてへチャが多い。然し姿は、背は高い、裾を長く引きずるという風で、豪儀に立派だ。おまけに金や宝石がぴか〳〵しているから随分驚かされる。

この音楽場は、千八百八十四年（今年は一九一一年だから廿七年前）に立てたもの。今は会社組織になっているそうな。夏の間はまるでがらあきで遊ばせてある。ただ冬の間廿二回の二キシュの音楽を聴かす為に出来ている。すでに百年以上も前から催しがあった。この家の立つ前の家（どこか知らぬ）は、間には織物業、着物業の店を出し、冬の間だけ音楽にあてた。だから衣裳座（Gewandhaus）という名がついていた。従ってこの名が世界に広まったので、この会場もやはりそのまま衣裳座と言っている。本当はKonzerthaus（音楽会場）と言わねばならぬのである。而も今日はGewandhausで世界の隅まで通っているのがおもしろい。

座の前にMendelssohn（メンデルスゾーン）という人の銅像がある。この人はやはり千八百四十年頃、この座の指揮者であった。音楽家及び作曲家として非常に有名なりし人。当地の音楽学校及び当会場は、この人の骨折りで出来たので、その記念に前に像を立ててある。

家は前もかなり広いが、奥行は巾の三、四倍である。下階が着物室（Garderobe）と言い、帽や外套を預ける処。二階が会場である。廊下は磨石で出来て、よくみがいてあるから光っている。靴で歩くと、ともすればすべりそうになるので、新見君は気にして、すそを踏むな、すべるなと口癖にこればかり気にしているのはおかしかった。

愈々《いよいよ》九時半にしまって拍手鳴りもやまず、何度も〳〵ニキシュ初め隊員一同お辞儀をしている。いい加減に見切って出る。すそを踏むな〳〵といわれて注意していたが、第二のはしご段から第三にうつる大広間の処でとう〳〵踏んだ。幸い一寸はしに靴がかかっただけであった。女は青い色の着物を引きずっている。僕が踏むとすぐいっそう高くつまみ上げて男に腕をまかして去った。「とう〳〵やりましたね」と新見君は笑っている。

日本人がいないおかげで何を言っても分らない。立派にめかしているが何だいこのつらは、着物が泣き出しそうだ、之も一生お嬢さんだなどと大きな声で悪口を言う。向うには分らぬからこちらを見てニヤ〳〵笑っている。大方ネクタイでも曲っていたのだろう。

外套と帽子を受け取る。受け取ると言っても勝手に取って着るので、札もなければ番人もいない。席（席には椅子の上によく分るように番号がついている）と同じ番号をめっけて取って着ればよいのである。下足の世話はなし、誠にらくだ。日本式の押すな〳〵などの不体裁の騒ぎがない。出口も入口の三つの戸をあけはなしだから混雑はない。時間が正しいから気持がよい。七時始まりといえば、七時五分前位から七時迄の間に一ぱいに人が詰まる。遅れる奴もなければ早々来る奴もない。中途で出入りはまったく禁じられている。

新見君は柱の処で、「ここで内の女に会う約束です」とのこと。僕は方向がちがうので失敬して握手をして同君に分れた。外に出ると、馬車が何百台と順々に四、五列にならんでいた。自動車も沢山あった。こっちは膝栗毛。電車は五台、会場のそばにならんで待っているが、もうどれも満員だし、いい音楽で非常に神経を高ぶらせていたから、少し歩いた方が健康のためによかろうと、明るい町を並木に沿うて歩く。九時四十五分、家に着く。

すぐ食堂に入ると、かみさんは編み物、娘は書き物をしている。どうでした、実に面白かったを始まりに喋る。かみさんは夕食のこしらえをして運んで来る。肉片とパン二切で茶をうまく飲んで腹がおさまった。マルタは明日学校(娘は学校に行ってる。多分編み物の学校だろう)が早いからとて先に床につきに行く。かみさん相手にしばらく音楽会の話などして、ニキシュが廿二回に二万四千マルク取ること、メンデルスゾーンはジュダヤ人であったことなど聞く。十時五十分、部屋に帰り、洋服を長椅子の上に脱ぎ捨て、着物を着る。日記を一枚書いたが、夜がふけるから中止して寝た。

当地には実にいい時に来た。世界に名高い市(メッセ)も見るし、世界に名高い音楽も聞いた。この二つはライプチヒの世界に誇る処であるそうな。

当国の人間の音楽の好きなことも非常だと思う。わずか二時間余りの音楽に六マルクも出して、それで毎回一つの空席もないとのこと。僕の隣には若い女が来て香水の匂いがよかった。

一目一番でも見聞させたいと思った。正己《まさみ》に聞かせたら、太鼓など鳴った時には丸い目をしてとぼけた顔で見るだろうなどと思った。子供は一人も居なかった。大人ばかり。

この日亮一《りょういち》は、珍しく日記を書くよりも先に音楽会の感激をゲヴァントハウスの建物の絵はがきに次のように認《したた》めて、国元の妻に送っている。

新見君と二人で音楽会に出かけた。百余人の合奏だから実に凄まじい勢い、雷鳴天に轟いて世界がつぶれるかと思うと、秋の月夜に涼風が蘆《あし》を鳴らすような変化になる。怒濤天を突いて岩をくだく荘厳、山吹の枝に春雨の注ぐ瀟洒、流石は音楽を以て世界に鳴る当市だけあると、新見君と大いに感心した。観客は皆是れ金銀宝玉のぴか〳〵せる紳士淑女、之を見るのも一つの目の保養である。七時に始まり九時半に終った。家に帰り、夕食を食べて今部屋に帰りし処なり。いい音楽を聴いて、気も魂も飛んだような気がする。音楽の力を初めて覚った。一寸でもよいから聞かせたい。

第十七章　幻の指揮者

アルトゥール・ニキシュ

その生涯

もう十年ニキシュを生き延びさせて、得意中の得意とするブラームスや仲好しだったというヨハン・シュトラウスの美しいワルツ、それから例の聴衆を泣かしたと云うチャイコフスキーの「第六」などをレコードに残させたかったと思う。

これは、『銭形平次』の著者でレコード蒐集家としても知られる野村《のむら》あらえびす（本名長一《おさかず》、筆名胡堂《こどう》）（一八八二―一九六三）が、その著書『名曲決定盤』の中のアルトゥール・ニキシュの項に書いた言葉である。

近代の指揮法の端を開いたとも、芸術としての指揮を確立したとも言われ、西洋音楽史上の大きな存在でありながら、在世当時の技術では音源や映像をほとんど残せなかったため、今では伝説上の指揮者として語られることの多いニキシュである。

もちろん、録音されたものが全くないわけではなく、あらえびすの前掲書によればベートーヴェンの第五交響曲「運命」をはじめ、同「エグモント序曲」、ベルリオーズの「ローマの謝肉祭」、ウェーバーの「魔弾の射手」、同「オベロン序曲」、モーツアルトの「フィガロの結婚序曲」、リストの「ハンガリー狂詩曲」第一番が、音源として残っている。

このうち、一九一三年にベルリン・フィルを指揮した「運命」は、近年復刻され、CD化されて誰でも聴けるようになった。私も一枚買い求めて聴いてみたが、残念ながらそれほどの感動は得られなかった。当時の録音技術の限界もあるだろうが、トスカニーニがこれを聴いて「自分の知るニキシュではない」と言ったのも頷けることである。

そのように、今ではその実像を把握することが難しく、結局断片的な記録や逸話を探し集めてイメージを構成するしかない、言わば幻の指揮者なのである。

ここで、あらためて彼の生涯を辿って見ると、アルトゥール・ニキシュは一八五五年にハンガリーの近郊で生まれた。幼少の頃から、「ウイリアム・テル」や「セビリアの理髪師」を一度聴いただけでメロディを再現出来るくらい、音楽の才能に恵まれていた。十一歳からウィーン音楽アカデミーでヴァイオリンと作曲を学び、在学中からウィーン・フィルハーモニーの第二ヴァイオリンの臨時楽員として弾いていた。

一八七二年、バイロイトでワーグナーがベートーヴェンの「第九」を指揮したとき、ウィーンから参加する二十人の奏者の中に入ることが出来た。ニキシュはこのとき、従来の指揮者達とちがって、指揮者であるワーグナー自身が音楽を表現していることを感じたと、後年語っている。

一八七六年、二十一歳で指揮に転じ、ライプツィヒ歌劇場の合唱指揮者になり、一八八五年、三十歳のときに、ライプツィヒ・ゲヴァントハウス管弦楽団を指揮して、ブルックナーの交響曲第七番を初演、一八八九年、ボストン交響楽団の指揮者として迎えられ、アメリカに渡った。四年の契約が終了するとともに、ハンガリーのブタペスト歌劇場の監督に就任したが、その翌年、ゲヴァントハウスの九代目常任指揮者ライネッケ（三十五年間在職）が引退すると、直ちに経営者達からの要請で十代目の常任指揮者に就任した。同時にベルリン・フィルからも常任指揮者として迎えられ、以来、一九二二年に六十六歳で他界するまで、二つの都市のマエストロとして君臨することになる。

また同時にライプツィヒ王立音楽院（現・メンデルスゾーン音楽院）の教授として多くの後進を育てている。滝廉太郎《たきれんたろう》がライプツィヒに留学したときは、同音楽院の学院長だった。

そのように三十代の半ばから音楽界の寵児として世界に名を知られ、外国からも引っ張り凧だった。ボストンもかなり高額な報酬で彼を招致したようだ。しかし、亮一《りょういち》の日記にもあるように、後年ウィーン・フィルハーモニーから要請があっても、ライプツィヒ市民がどうしても彼を手離そうとしなかった。

ライプツィヒ・ゲヴァントハウス管弦楽団は、素晴らしい音楽会場に恵まれている上に、一八三〇年代に楽長だったメンデルスゾーンの働きによって楽員の年金制度が創設されるなど、待遇面でも基盤が固かった。さらに市の助成金もあり、経済的に安定していたので、ニキシュとしてもライプツィヒが永住の地にふさわしく思えたにちがいない。

「輝く瞳」

ニキシュの指揮は、従前の指揮者達とちがって、作曲家の書いた楽譜をそのまま音にするだけではなく、自らの感性でもって表現する創造的な芸術であるという点で、画期的だった。後に続く誰もが、彼に倣い、彼から学び取ろうとした。ニキシュの直接の後継者であるフルトウェングラーはもとより、ワルター、トスカニーニ然りである。

今となっては、音楽家に限らず、ライプツィヒの一般市民の中にもニキシュの演奏を生で聴いた人はほとんどいないだろう。乏しい音源に代わってニキシュについて書かれたものはいろいろあるが、それとて人によって正反対の見方もあり、ますます伝説的な存在になってしまっている。

そんな中で、亮一の日記が貴重なのは、音楽会の一部始終が克明に書かれているのに加え、彼の座席がたまたま馬蹄形ホールの舞台裏側の二階席だったため、指揮者の動作や表情を正面から観察出来たことである。怪我の功名とでも言おうか、予約でほぼ満席のところをかろうじて取れた「悪い席」が、かえって好都合だった。したがって、いろいろな人が書いていることが、亮一の観察によって裏付けられる部分があるのである。

たとえば、一八八八年に演奏旅行の途中ライプツィヒに立ち寄ってニキシュの指揮を初めて見たチャイコフスキーが、長い賞賛の一文を書いている中で、「この指揮者は三十歳前後（実際にはそのとき三十三歳）、背は低いが若い白皙《はくせき》の男であって、鋭く輝く詩情に満ちた瞳の持ち主である」と述べている。

亮一も書いているように、ニキシュはハンガリー人なので、髪が黒い。それでいっそう色白の印象が強かったのかもしれない。

鋭く輝く瞳については、亮一も「音楽会」の一文のなかで、「鋭く目くばせ」、「鋭い目つき」などを繰り返し四回も書いている。

ニキシュの指揮については、先にも述べたが、正反対の説が伝わっている。たとえば、「アルトゥール・ニキシュのような大仰な身振り、解釈の過剰」と書かれているかと思えば、「簡潔な指揮ぶり」と書かれることもある。「一種独特の強いアクセント」があったという説もあるが、それとて管と弦の区別さえはっきりつかめない当時の録音では確言することは出来ないだろう。

どちらかと言うと、コントロールの利いた指揮と書かれることが多いが、亮一の日記には一箇所、「音楽が激しくなって息もつげぬような処になると、両の手を振り回して大変な顔をしている」と書かれてはいる。

前掲のチャイコフスキーの一文には、次のようにも書かれている。

「彼は聴衆の注意を自分にひきつけるようなことはほとんどしないので、人は彼の存在を忘れているほどなのだが、それでいて大編成のオーケストラの全メンバーが、まるで一つの楽器のように、巨匠の驚くべき手にあやつられて、完全にその意のままに従っていることを感じるのだ。」

そしてチャイコフスキーは、「ニキシュの輝く鋭い瞳」と書いたのに続けて、「この眼が、何か魔術的な力といったものを秘めていて」と書いている。

ニキシュ自身も、楽員とのアイコンタクトを大切にしていたのだろう。指揮棒の高さが常に眼の高さにあったと言う説がある。たしかに、唯一遺されたサイレント映画を見ても、腕を顔の近くまで高く上げて指揮している。まるで楽員を催眠術にかけているようだと評した人もいる。またニキシュはあるとき後輩のフリッツ・ライナー（一八八八―一九六三）に、「アインザッツ（弾き始め）

は（棒や動作ではなく）目を使えばよい」と語っている。

仮に亮一が運よく平土間（日本的な表現であるが）の上等な席が取れたとしても、ニキシュの後姿を見ているだけだったとしたら、彼の目力をここまで感じることはなかっただろう。

ニキシュはその目力で楽員達の心を捉えたと考えられる。また、初対面のオーケストラを指揮するときなど、練習場に入ったときの楽員に対する声かけが絶妙だったと、誰かが書いている。

人柄もきっと魅力的だったのだろう。野村あらえびすは、「彼の人となりは、含蓄の多いゆかしい感じを人に与える。真摯な静かな性格の反面には常に愛すべきユーモアがあったということである」と書いている。（おそらく出典は近衛秀麿《このえひでまろ》の『シェーネベルグ日記』と思われる。）

したがって、楽員からも後輩からも、男女を問わず、誰からも尊敬され慕われていた。たとえば、昨今十二人のチェロで演奏されることの多い「讃歌」の作曲者として有名なユリウス・クレンゲル（一八五九—一九三三）は、元々チェリストで、十五歳のときからゲヴァントハウス管弦楽団の主席チェロ奏者だったが、彼の「讃歌」はニキシュの六十五歳の誕生日に献呈されたものである。

時空を超えて

また、亮一も書いているように、ニキシュの指揮で弾いたことがあるというだけで、音楽家としての箔がつくということがあった。後に大家となった演奏家達、たとえばヴァイオリンのヤッシャ・ハイフェッツ（一九〇一—一九八七）は十二歳のとき、ピアノのウィルヘルム・バックハウス（一八八四―一九六九）は十八歳のとき、ピアノのヴィルヘルム・ケンプ（一八九五―一九九一）は二十三歳のときに、いずれもニキシュが指揮するベルリン・フィルと共演していて、そのことが、彼らの経歴上の勲章になっている。

ハイフェッツもバックハウスもケンプも、戦後間もなく私がまだ子どもだった頃、来日したことがあった。音楽好きだった父親を通して、彼らの名前は私の胸に親しく刻まれていた。幻の指揮者との時空を超えたつながりを感じると言っては大げさだろうか。

しかし、それよりも、ここでぜひ書いておきたいのは、東京芸術大学客員教授として最晩年を日本で過ごされた故ゲルハルト・ボッセ氏のことである。

今から二十年以上も前のことだが、たまたまコンサートのプログラムでボッセ教授がお若い頃からライプツィヒ・ゲヴァントハウス管弦楽団で活躍されていたことを知った私は、おこがましくも人を介して「獨逸だより」を活字にしたものをお送りしたところ、ほどなく奥様の菅野《すがの》ボッセ美智《みち》子《こ》さんから丁重なお手紙をいただいた。

それには、ご自分が生まれる少し前のライプツィヒの様子を奥様が少しずつドイツ語に訳して読まれるのを、教授が頷きながら聴いていらっしゃると書かれてあった。

ボッセ氏が、学生時代（一九四一年前後）に、ゲヴァントハウス管弦楽団の補欠メンバーとして、二代目ゲヴァントハウスで何度か演奏されたことも書かれていた。

そしてニキシュに関して言えば、ニキシュが亡くなった一九二二年一月二十三日が、偶然にもボッセ氏の誕生日であること、十四歳から師事したエドガー・ヴォルガント教授（当時ゲヴァントハウスの第一コンサートマスター）はニキシュの女婿だったことなどが書かれていた。また、ご自身が後年ライプツィヒ市からニキシュ賞を授与され、それをとても光栄に思っていらっしゃることも記されていた。

ちなみに、私事になるが、私が十代の一時期にピアノの手ほどきを受けた坪田《つぼた》昭三《しょうぞう》先生（東京芸術大学名誉教授）は、かつてボッセ教授と霧島国際音楽祭で共演したことを、必ずご自分のコンサートのプログラムにお書きになっている。

ボッセ教授が一九八〇年に立ち上げた鹿児島県霧島の音楽祭は、その後地域に定着し、音楽が共同体の発展に寄与している点で、かつてのライプツィヒを思わせるものがある。

ボッセ夫妻からその次にいただいたお手紙には、ライプツィヒに帰国された折に調べて下さったということで、亮一が聴いたコンサートの詳しい曲目と独奏者の名前が書かれていた。それによって、当日の様子が一層いきいきとクローズアップされ、私が勇気づけられたことは言うまでもない。まことに感謝に耐えないことである。

奥様は、ご主人と縁の深い日本の国の人が当時の旧ゲヴァントハウスでニキシュを聴いて書いた日記を贈られたことに、不思議な巡り合わせを感じるとお書きになっている。

その感慨は私もまったく同様で、時空を超えた人と人のつながりは、網の目のように、そして連綿と続くのだと、今ここに来て思うのである。

第十八章　明治人と西洋音楽

野村あらえびす愛用の蓄音機アポロン
（野村胡堂・あらえびす記念館　提供）

出会いのかたち

高辻亮一《たかつじりょういち》のオーケストラ初体験は、ある意味でその時代の日本人と西洋の文化との出会いを象徴する出来事だったと言うことが出来る。

彼の場合、生まれてこの方本格的な西洋音楽、特に大編成のオーケストラの演奏会に接したことがなかったので、この夜は何事につけ見る物も聞く物も珍しく、新鮮な感動があったと思われる。日本に置いて来た我が子に一目一番でも見聞させたいと書いた気持ちはよくわかる。

だが、その中でも最も迫力を感じるのは、「（音楽が）始まると、もう浮かれてしまって何とも言えない。ただぼーっとして心が飛んでいくような気持がする。音楽の力の大なることを初めて知った」というくだりである。

これを読んだ私の脳裏に最初に浮かんだのは、沼津出身の作家芹沢光治良《せりざわこうじろう》（一八九七—一九九三）の自伝的大河小説『人間の運命』の一節だった。

貧しい漁村に生まれた森次郎（著者光治良の分身）は、勉強がよく出来たため沼津中学（現・沼津東高校）に進学し、裕福な家庭に育った級友と親しくなる。彼の家に招かれたとき、生まれて初めて見る蓄音機から流れるベートーヴェンの交響曲に言い様のない感動を覚えた光治良は、「自分というものが地上から誘い出されて宙を駆け回る、これが魂と言うものか」（第二巻「友情」）と主人公次郎に言わせている。

両者に共通しているのは、亮一は「心が飛んで行く」と書き、光治良は「魂が宙を駆け回る」と書いていることであるが、それについては後述に回すことにする。

西洋音楽が巷に溢れている時代に生まれ、それらを母国語のように聴き慣れて育った今の日本人と違って、明治生まれの日本人は、人生の途中で西洋音楽との初めての出会いを経験することになる。（もっとも、経験する機会がある場合に限られるが。）そして、その出会いのかたちは人によって千差万別だったと考えられる。

もちろん、今の時代でも、真の意味で音楽に目覚める体験が、人生の途中で生じることはある。そのかたちは、やはり百人百様だろう。

野村《のむら》あらえびすによれば、明治時代に一般国民が接することの出来た西洋音楽と言えば、まず軍楽隊であり、次に小学唱歌だった。そんな中で、今日言うような西洋のクラシック音楽に接することが出来たのは、ごく限られたエリート、あるいは蓄音機が買えるような富裕層、たとえば宮沢賢《みやざわけん》治《じ》のような人達だった。

南河内《みなみかわち》から上京した高辻亮一は、大学時代に神楽坂の近くの東五軒町に下宿していた関係もあり、もっぱら日本の大衆芸能に目覚め、かなりハマっていたらしい。また、社会人になってからは謡《うたい》を習い始め、病膏肓《やまいこうこう》に入り、ドイツに行っても折あるごとにうたっている。

したがって、ゲヴァントハウスのコンサートの感動は実はそのとき限りで、翌週の最終回にも是非行ってみたいということにはならなかったようだ。みつ宛の通信には、来週が今シーズン最後だが、今回のプログラムの方がよいそうだ、とだけ書いている。それよりも、新見《しんみ》君と次に会うときに一緒に謡をうたうことに気をとられていたようだ。

また、翌年の秋にアムステルダムで開かれ亮一も出席した世界保険大会のアトラクションの中に、ウィレム・メンゲルベルク（一八七一―一九五一）が指揮するアムステルダム・コンセルトヘボウの演奏があったが、それについてもみつ宛の通信には、「夜、和蘭《オランダ》第一の音楽を聞く。指揮は有名のメンゲルベアヒ。男女凡て満艦飾できれいだった」としか書かれていない。

それよりも、折あらば謡の出来る日本人仲間と集まってうたい、時にはドイツ人に聴かせて楽しむことを考えている。私としては、大変残念なことではある。

他方、亮一と同じ時期にドイツに留学した物理学者で随筆家の寺田寅彦《てらだとらひこ》の場合は、留学前から、師の夏目漱石《なつめそうせき》と二人で上野の音楽会に足を運んだりしていたようだ。ベルリンから漱石に宛てて書いた通信を読むと、「昨夕、ローヘングリンを見聞に出かけました。例のウーバーチュアのガジャンで少しおかしくなりました」と書いている（『寺田寅彦全集』第十五巻）。ワーグナーの楽劇ローエングリンを聴きに行った感想だが、序曲の「ガジャン」で演奏そのものが怪しくなったのか、それとも漱石と寅彦だけにわかる可笑しい出来事を思い出して言ってるのか、これだけではわからない。ローエングリンの第一幕の前奏曲は、静かでゆるやかな序奏がかなり長く（居眠りしたくなるほど）続き、突然大きな音が鳴り出すので、もしかしてそこで二人は驚いて目を覚ましたのだろうか、などと勝手に想像してしまう。

なお、『寺田寅彦全集』所収の明治三十八年十月二十九日の日記によると、このとき音楽会に誘ったのは寅彦の方だった。「午後夏目先生を誘ひ上野音楽学校の演奏会に行く。イフィゲニア、ローヘングリンなどあり。西洋人の聴衆多し」とある。

そして漱石の小説『野分』を読むと、この日の体験がその一場面に応用されていることがわかる。友人に誘われて何の用意もなく初めて西洋音楽のコンサートに出向いた高柳という登場人物が、会場の雰囲気や聴衆のハイカラな服装と普段着の和服姿の自分との違いに戸惑いながら、演奏中に右手の窓の外を見遣ると、高い樅《もみ》の木が半分見えて後は遥かの空の国であり、その樅の枝を離れる鳶《とび》の舞う様を眺めるうちに、鳶が音楽に調子を合わせて飛んでいることに不思議を感じている。また、会場の高い天井を仰ぎ見ると、いろいろな音が高い所から降ってくるとも書いている。明治時代にオーケストラの演奏に初めて接した三人の日本人（漱石、光治良、亮一）が、いずれも宙に舞い上がるような立体感を体験しているのは興味深いことである。

が、いずれにせよ、寅彦が留学以前から西洋音楽に親しんでいたことは確かなことであって、もともと寅彦と西洋音楽との関わりの深さは、漱石や亮一の比ではないのである。熊本の第五高等学校時代に、教授の家で見せてもらったヴァイオリンに魅せられ、小遣いをはたいて安い楽器を買って、下宿の裏山で夜な夜な練習していたという、半ば伝説的な話がある。

しかし、それより以前に、寅彦の原体験は高知で過ごした少年時代に隣家から聞こえていたオルガンの音ではないかと、私は思っている。それは、私自身の体験と照らして想像するのだが、私自身の西洋音楽の原体験は何かと考えると、通っていた小学校（ミッションスクール）で歌っていた讃美歌だったり、運動会の入場行進やリレーのＢＧＭだったり、当時は映画館で見ていたニュース映画の音楽だったり、音楽好きの父親が聴いていたラジオやレコード（よく聴いていたのは田谷力《たやりき》三《ぞう》の浅草オペラだったが）、そんなところである。

寅彦は、終生音楽を愛した。特に病気をして大学から研究所に移った頃から、ヴァイオリンだけでなくチェロも習ったり、研究所の同僚と博士トリオと称するピアノトリオを組んだり、やはり音楽好きだった次男とその友人を集めて弦楽カルテットを楽しんだりしている。

また、帰国後子ども達のために蓄音機を買って、家族で集まって聴いていたことが、『寺田寅彦全集』第三巻の「蓄音機」という随筆に書かれている。

その蓄音機は、後年家庭で合奏を楽しむときにも役に立った。博士トリオが手に余る難曲と悪戦苦闘した後、レコードをかけて本物の演奏を聴く。そして、「我々の解釈とは若干相違するところもあるが」などと言いながら検討するのである。

弾く楽しみ、聴く楽しみ

そのように、出会いのかたちも様々なら、その後の音楽の楽しみ方も人によって様々であるが、大雑把に分けると、音楽の楽しみ方は自分で弾く楽しみと聴く楽しみに分けられると思う。そして、聴く楽しみは、さらにコンサート会場などで実際の演奏を聴くのと、レコードやＣＤで聴くいわゆるオーディオファンとに分けられる。

後者の、オーディオファンの草分けは、何と言っても野村あらえびすであろう。その膨大なコレクションも有名だが、いまだに誰も太刀打ち出来ないのは、そのレコード蒐集に対する入れ込み方である。

あらえびすこと野村胡堂《こどう》は、新婚当初は決して裕福ではなかった。それどころか、蓄音機やレコードを次々買うために、野村ハナ夫人は質屋通いまでしなければならなかった。そうまでして夫の道楽を応援したのである。

ただし、道楽という言葉は胡堂には当てはまらないかもしれない。彼は、西洋音楽が日本の一般国民の趣味生活に織り込まれたのは、蓄音機とレコード録音法の功績であると信じて疑わなかった。当時は、外国の演奏家が来日しても、そのコンサートの入場料は高額で、一般庶民の手にはなかなか届かなかった。それに比べれば、レコードの趣味は負担が少なく、しかも自分の興や都合に任せて好きなときに好きなだけ聞くことが出来る。忙しい日本人が西洋音楽に親しむには最上の手段ではないか。そう思って、胡堂は自分がその先鞭をつけようという気持ちもあったのだろう。そこには単なる趣味、道楽以上の使命感が感じられる。

ただし、興や都合に任せてと書いたが、逆に聴くときの真剣さを考えると、オーディオファンの中には、実際の演奏に接する以上の厳密さ、緻密さを要求しながら傾聴する人々がいる。たしかに、実際の演奏の場合はどうしても場内の空気や演奏者の態度や様々な条件に左右されながら聴くことになるが、レコードの場合はステージも照明もなく、社交や気取りもなく、純粋に音楽のみに没頭出来るのである。

そのような鑑賞の仕方の影響もあって、その後の日本の音楽会では、聴衆の傾聴態度がさらに真剣なものになり、胡堂によれば、来日したアーティスト達に「日本の聴衆は恐ろしい」と言わせている。

レコード鑑賞のことは別にしても、日本の聴衆がコンサート会場でクラシック音楽を聴く場合、かなり厳しいマナーが伝統的に守られている。私が子どもだった頃、音楽好きの父親に連れられて初めて外国の演奏家によるコンサートを聴きに行ったときに教えられたのは、「音を立てない」、「体を動かさない」ということだった。軽い小児喘息だった私にとっては辛いときもあったが、以来そのマナーは身についている。

が、後年、アメリカ人の友人と一緒にピアノのリサイタルを聴きに行ったとき、彼女が不思議そうに「日本人はどうして音楽を聴くときに緊張するのですか。せめて拍手するときくらいリラックスしてもいいのに」と言っていたことを思い出す。

そんなことを念頭に置きながら亮一の日記に書かれた「音楽会」の記事を読むと、演奏中の出入り禁止はもちろんのこと、「音楽中はささやき一つするものは居ない」こと、「曲中は皆静かに聴いている」ことが認《したた》められている。

このようなドイツ的な聴衆のマナーを、日本はそのまま取り入れて今日に至っていると考えられる。同じ頃、フランスやイタリアでは、サロンや食事処などのもう少しやわらかい自由な雰囲気の中で楽しむ音楽も存在していたようだ。

亮一のもう一つの観察である「着飾った男女」や「妍《けん》を競う雰囲気」や「社会的地位を誇示する

ために よい席を確保する風潮」は、日本の場合は一部にとどまり全体に広まることがなかったのは幸いだった。少なくとも私の経験したコンサートでは、香水の匂いに悩まされた記憶はない。

最後に、「音楽会」の記録を読んで、私が最も心を動かされたのは、重ねて書くことになるが、やはり「心が飛んでいく」、「音楽の力の大なることを初めて知った」というくだりである。芹沢光治良が「自分というものが魂となって宙を駆け回る」と書いたのと同様、当時の日本人にとって、そういう感覚は元々日本にはない前代未聞の初体験だったのではないだろうか。

以前、小さな弦楽アンサンブルでプロの指導を受けていたときに、よく言われたのは、「全体の響きが立体的になるように」ということだった。私達日本人のアマチュアの感覚では、やはり亮一の言う「お座敷的の差し向かいの」音楽になってしまうのだった。

死ねば誰でも神様になるという、宗教ではないけれどそういう慣習に何千年も親しんで来た日本人の芸術と、絶対的な神の存在が高い所にあって、凡てがゴシック建築のように天に向かって構築される西欧の芸術とは、本質的な違いがあるかもしれない。

まさにこれは異文化との出会いであり、したがってこのときの西洋音楽との出会いは、当然次の出会い、すなわちキリスト教との出会いを予想させる。

先住する文化

しかし、亮一の場合は、前述のように、西洋音楽に夢中になるよりも、彼の中に先住する文化が、優位を譲らなかったのである。それは、ゲヴァントハウスの音楽会に同行した新見《しんみ》君についても言えることだった。

新見君は、ライプツィヒ大学で、歴史学の大家カール・ランプレヒト教授の下で学んでいた。ランプレヒト教授は当時大学の総長でもあり、心理学のウィルヘルム・ヴント教授と並んで海外にも名を知られていた。ヴントは実験心理学の創始者であると同時に民族心理学の創始者でもあり、『民族心理学』全十巻を著している。ランプレヒトの学風は、ヴントの民族心理学の影響を受けているとも言われている。

新見君は、ランプレヒトが日本史の講義の中で、日本人の近視眼的な特性をむしろ長所と見做して語っていることに共鳴した。すなわち、一長一短は免れないが、日本式庭園や盆栽などのように、大自然を小さく表現したり生育したりする芸術は世界に類を見ないことを教えられたのだった。音楽で言えば、せまい空間で人と人が心を通わせるお座敷芸にも、それなりの良さがあるということであろう。

寺田寅彦と同じように、彼の場合も、留学先であらためて自分の中に先住する祖国の文化が見直されることになったのである。

そういうわけで、新見君と亮一は、音楽会の感動はさておいて、次に会うときに一緒に謡をうたうことで頭がいっぱいだったのだ。そのように、異文化との出会いのかたちと結末は様々であるが、それは当然のことと言えるだろう。

第十九章　至福の一日

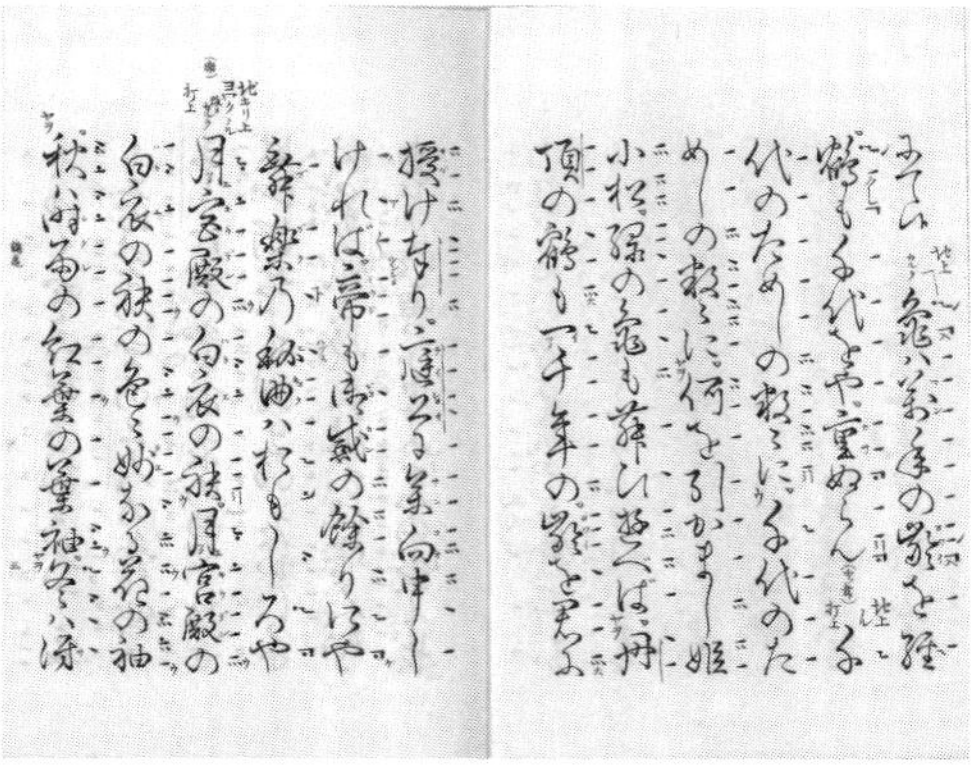

宝生流謡本「鶴亀」

音楽会から三日後の日曜日には、かねてからの約束で新見《しんみ》君を訪ねて日本食と謡《うたい》を楽しむことになっていた。

その日の朝、国元のみつから葉書が届き、それには正己《まさみ》が三月八日の夕方六時半に二階で三歩歩いたと認《したた》めてあった。うれしい知らせに直ちにありあわせの絵はがきに次のように書いた。

「正坊大手柄。四十四年三月八日夜六時半二階で一人で初めて三足歩いたホービ。」

昼過ぎに気もそぞろに下宿を出た亮一は、途中でホービの葉書を投函し、歩いても行ける距離なのに電車に飛び乗って、新見君の宿であるスパーマー家に急いだ。ようやく到着すると、

（三月二十六日の日記）

新見君が出て来て、今料理の手伝い最中故一寸待ってくれとて、今日来たという新聞を持ってきた。朝日新聞で十日迄の分が来ている。夏目《なつめ》さんの博士辞退問題、議会のゴチャ〳〵などが載っている。新見、山内《やまのうち》君が揃って間もなく食事。大いに驚いた。献立次の通り。スープ（普通のもの）、栗めし（よく出来ている、栗は日本のと同じ味である）、てんぷら（ごぼうとにんじん、これも日本の通り。したじもよく出来ている）、塩大根（大根を臼の形に切って塩で揉んだ後塩出ししたもの）、大根おろし（てんぷらに添える）、日本茶。元来栗めしもてんぷらも僕のあまり好きなものではないが、この際大いにうまい。茶碗にめしを二杯食べたら腹が

一ぱいになった。塩大根が殊にうまかった。山内君は若いだけにめしを三杯平らげた。驚いたのは、娘もかみさんも日本の箸を上手に持って一処にめしを食べている。箸の持ち方は実に上手で、僕の持ち方はまちがっている処へ山内も僕と同じようなまずい持ち方をしてるので、こういう風に持たねばいけないなど、あべこべに教えられる。聞けば三度〱、めしは食べてる。娘などはめしでないと食べたように思わないと言うてる。八年間日本人に慣れるとこんなになるかと感心する。今日の料理も娘が主になってしたとのこと。きのこめしがおいしいですと言うている。おこうこなどという詞《ことば》も知っている。食後しばらく話をして、新見の部屋に帰り、うなること次の如し。

一、桜川《さくらがわ》（シテ新、ワキ僕）　二、八島《やしま》（シテ僕、ワキ新）　三、羽衣《はごろも》（シテ僕、ワキ新）　四、猩々《しょうじょう》（シテ僕、ワキ新）　五、俊寛《しゅんかん》（シテ新、ワキ僕）

　新見君は和服を着てる（山内君も然り）。僕にも貸してくれた。ズボンと上衣を取って新見君の五つ紋付の着物を着る。そして椅子の上に座る。カラーも勿論取った。随分滑稽な形である。扇子の代りに金で出来た紙押さえを持つ。角帯をしめる。初めは例によってうまく声が出ぬので、くやしくてじれったくてならなかったが、段々やってる内に声もしまり、腹に力も入って、少しは気に入るようになった。声はしまることは一寸しまるが、どうもうまく立たない。三番目あたりから大分つぶれて来て、久しぶりにいい気持になった。新見君は広島で二年やったと言うが、中々うまい。感心なのは、声が立つ。しっかりとしてよくうたう。只本場の芸を知らぬから、呼吸に足りぬ処がある。緩急を心得て居ず、棒なりにどこも同じ早さにずん

〱と進行して行く。然し、二、三年もやめていて声の立つのは恐れ入った。中々美声で力がある。羽衣、桜川などになると、昔を思い出した。新宿、沼津を盛んに思い出しながらうたった。こういうものは手に入っているからよく出来た。新見君は僕の通りについて来る。僕の芸が玄人芸だとしきりに感心してる。ここはどう、あすこはどうと色々聞かれたから、いやみにならぬ程度について講釈をしておいた。同じ流だからよく合う。只俊寛は重いもので、ゆっくり位《くらい》と悲《ひ》と力《ちから》を以てやらねばならぬのに、新見君がいつも急ぐのでちょい〱合わぬ処が出来た。桜川、八島をやって一服していると、山内が日本婦人を紹介するとて連れて来た。見ると、かみさん、娘。二人共日本服を着て出てきた。かみさんは洋服の上に紺がすりの（細かい）袷、黒の兵児帯を後ろに結んでる。娘は赤い処の多い派手なメリンスの着物に同じく羽織。帯もちゃんと締めてる、身丈がよく合っている、着方も上手、よく身についてちゃんとした日本の女である、よく似合うと言うと大いに得意になっていた。二人で羽衣をやると、娘は時々くっくっ笑って聞いていた。しまいのほうになると山内が滑稽な手つきで踊る真似をして娘を笑わしている。新見君「さるほどに時うつって」などがまだよく出来ないので教えてやった。山内の望みで猩々《しょうじょう》をやる。おしまいの頃になると、力が段々入っていい心持。然し声は段々立たなくなって来た。新見は不相変《あいかわらず》いい声で少しも変らぬ。よほど鍛えたものと思う。それから僕が持参した絵はがき二枚出して、新見君の奥さんに僕が認《したた》め、新見君が御身へ認《したた》めてくれた。いい記念になる。すぐ帰ろうと思ったが、しきりにめしの残りがあるから食って行けと言う。七時十五分であった。どうせ残ってるめしなら、も一度食べるがよいとのすすめで、夕食を食うことにする。めしが出来たので、洋服に着換えて食堂に入る。栗めしの残り、塩大根、てんぷらでおいしく食べる。女達はまだ和服のまま。食後娘にピアノを聞かしてくれと注文すると、日本の曲をやるとて譜を持ち出して、春雨《はるさめ》と越後獅子《えちごじし》をやった。越後獅子は「己が姿を」から後、布ざらしの処が中々よかったので高麗蔵《こまぞう》の踊りが目に見えるようだった。春雨は二、三ヶ所間の足りない処を直してやったら喜んでいた。これ迄誰に聞いても直してくれたことはないと言ってる。そのはずで、僕等のように帖面に筆記して合の手迄習った人間がいないからだ。しまいの合の手を口三味線で直すと山内、新見が目を丸くして驚いていた。遅くなるので九時半に皆と握手して帰る。一日部屋に居たから歩いて帰る。久しぶりにうたって実にいい心持だ。せい〳〵した。正己がひとりで歩けた祝になってよかった。「足もとはよろ〳〵と」と猩々をうたう時に、今日うたうのは丁度いいと思った。

この日は国元からの朗報に始まり、存分に謡をうたい、日本食に舌鼓を打ち、存分に語り合い、亮一にとっては至福の一日だったので、勢いに乗ってその後も日曜日には必ず新見君の下宿で日本食を食べて謡をうたうようになった。そればかりか週日の散歩の途中でも、ついついスパーマー家の方に足が向かってしまうのだった。

第二十章　「日本学研究室」余聞

現在のライプツィヒ大学図書館（1943年の空襲で損傷したが大戦後に修復された）

三浦君

スパーマーの宿で至福の一日を過ごした亮一《りょういち》は、その六日後の土曜日に、初めてライプツィヒの日本人会に出席した。

（四月一日の日記）

日本人会に出かける。ケーニヒ広場のドイッチェスハウス（Deutsches Haus）というホテルの飲食店で毎月第一第三の土曜に開かれる。五、六人来ていた。後から二人来た人があって、一寸九人位居たろう。新見《しんみ》君も山内《やまのうち》も来なかった。一同に挨拶して月沈原《ゲッチンゲン》のことなど聞かした。隣に居た大森《おおもり》君は、アメリカに四年、ヨーロッパに四年居て、日露戦争前に日本を出たきりだとのこと。宗教研究に来ている人で、色々面白い学問上のことを聞いて有益であった。他の人の名は、一々言うてくれたが忘れてしまった。一体皆落ち着いた人ばかりで、月沈原のようなワーワーとさわぐ人は少ないように見える。そのほうが頼もしく思われる。ビールを命じて飲む。十二時一同退出。三浦《みうら》君と一処に帰る。同君は割に僕の近くに住んでいるとのこと。帰宅したら十二時四十分であった。午後散歩中、古本屋の前に立って、いい掘出し物がないかと探している時、日本人が二人通って僕を見て、日本人だそうでないという議論が出たが、日本人ではないらしいという説になって、とう〳〵詞《ことば》をかけずに通り去ったとのこと。僕の顔を見て、あなたでしたよと言うていた。大笑いであった。多分ハンガリー人と思ったとのこと。せめてハンガリー人とまちがえられるだけでもハイカラになったのかもしれない。

この中に登場する三浦君こと三浦新七《しんしち》（一八七七―一九四七）は、すでにこのとき十年近くドイツで留学生活を続けていた。日本人留学生の間でライプチヒ村の村長と言われていたという話もある。元々は、商学が専門で、東京高等商業の準教授としてドイツに留学したのだが、ライプツィヒ大学の日本学研究室でランプレヒト教授と出会い、その影響で東西文化史の研究にシフトして、三年の留学期間が過ぎても私費留学に切り替えて帰国しなかった。新見君とは年齢も近く、二人でランプレヒト教授の日本史講座の助手を務めていた。

前述の新見吉治《きちじ》著『分け登る歴史学の山路』には、三浦君に関して次のように認《したた》められている。

「君は一九一一年末兄君なる戸主死去の電報に接し、一九一二年正月シベリア経由急遽帰朝された。これは君が留学満了後何度帰朝を促されても私費留学、遂に教授に任官されても帰朝しないので、兄君死去の虚電報となり、敦賀に死んだ筈の兄君に出迎えられて、三浦君は謀られたと私に手紙を寄せられた。」

また、三浦君に関しては、亮一の日記の中に次のような楽しい記録がある。同じ四月の日曜日のことである。

十時起。新見に行き、牛鍋にてめし二杯半食べ、食後熊野《ゆや》（新見シテ）をどなれる処へ三浦新七君写真機械を肩にして来り、散歩に出んと勧む。山内及びスパーマー嬢（廿二才）も賛成。バイリッシャー停車場に至り、三等に乗る。満員。漸く娘と僕だけが掛けられた。三、四十分にしてベーレンという処に下車。窓外を見れば桜花満開。美しかった。それより徒歩すること約廿丁、レータ（Rötha）村に着く。通り抜けて小山に上ると、飛鳥山《あすかやま》のような処がある。山腹に菓酒亭という料理屋あり。到る処花の蔭に机を並べて、酔える者、歌える者、駆け回れる者、中々の混雑。ほとんどもう掛ける席もなかった。漸く一ヶ所の卓を発見してここに陣取り、めい〳〵処々にある料理場に買出しに行く。果実酒、果実水、パン、腸詰、ドロップ、チョコレートなどをぱくつきながら雑談。日没のきれいな景色を見ながら引き上げ、更に汽車にて帰市。僕と三浦は市場通りのブルクケラーという料理屋で、七面鳥の焼いたのときうりの酢の物を食べて、十二時まで色々学問上の話などした。〇時半、家に帰り、一時寝た。三浦が写真三、四回とった。良く出来たら送る。

三浦君こと三浦新七は、この翌年帰国して東京高等商業（後の一橋大学）の教授、後に学長、その間一時家業の両羽銀行（現・山形銀行）の頭取を務めた。一橋大学では、その後三浦門下の上原《うえはら》専禄《せんろく》、増田四郎《ますだしろう》、阿部謹也《あべきんや》が代々学長を勤めた。なお、亮一の日記によると、三浦君の在独中に山形に大火があり、山形出身の三浦君の実家が全焼したことが認められている。

ユーバーシャール君

ところで、しばらく前に新見君から亮一のもとに、日本学研究室のドイツ人の論文を見てやってほしいという葉書が届いていた。「日本とドイツの憲法を比較した論文を書いたから見てもらいたい、なお今後色々指導してほしいとの切なる希望につき、紹介したい、この次の日曜の昼飯を一処に食べようと思うからぜひ来てくれ」とのことなので、元より喜んで承知。

この学生は、ヨハンネス・ユーバーシャール（Johannes Ueberschaar）という青年で、元々法律を研究しているうちに歴史研究にシフトし、日本のことばかり調べていて、遠からず日本に行くことも決まっていて、兵役も支那の膠州湾（当時ドイツ領）を希望しているということだった。

（四月二日の日記）

三十分勉強して十二時出る。ポストに郵便ほり込んで、おとぎ噴水を左に見て新市役所通りを進む。（中略）新見の家に着く。例の通り袷一枚にて、汚いシャツを出してニコ〳〵している。独乙《ドイツ》学生（名はユーバーシャール Ueberschaar という。これからU君と簡単に書く）が来たかと言うと、実は十一時に来てラテン語を十二時迄教えてくれることになってるのに、まだ来ないから、寝坊したのだろうとのこと。一つうたおうと言うので三井寺《みいでら》をうたいかけたら、四、五枚のところでU君来る。お邪魔してはならぬからしばらく次の間で聞いていると言うのを無理に連れ込んで、僕に紹介してくれた。背の六尺もありそうな高い男で、その割に太っていない。額に二ヶ所決闘の傷がある。凛々しい立派な男である。そして中々愉快な、元気な、気軽な、淡白な男である。いつ来たかとか、何を研究するかとか、お定まりのことをお互いに聞いて、話の内に食事が出来た。新見の部屋で一同で食べる。馳走は日本めし、牛肉と大根、卵を煮たもの、大根の塩もみ、大根の煮たの（山内が煮たのだそうな）。内の女共も一処に食べる。吾々はどんぶりのような茶碗に牛肉と汁をかけて牛丼のようにして食べる。女共は西洋皿に取って、やはり箸で食べている。U君も、吾々と同じようにしてくれ、後に日本に行った時の為に慣れねばならぬからとて、どんぶりで箸を以て食う。めしが熱いので、猫舌の独乙《ドイツ》人は大いに閉口。箸はどうかこうか持つが、めしが九分通り口に入る迄に下に落ちるのを根気よく上げては食べている。非常にうまい〳〵とほめていると、娘は、日本のご馳走に慣れると独乙のは食べられぬと、人の国のことを大いに自慢して自分のことのように喜んでいる。U君は煮方を色々聞いていた。他の人はビール、僕は湯を飲む。大根の煮たのはうまかった。U君もうまい〳〵と食っている。中途からフォークで食べていた。めしの熱いのには閉口してる。僕は三杯食べて、のどの処迄一ぱいになった。U君も二杯平らげた。山内は四杯半食ったと言って自慢している。ぺちゃくちゃ話しながら食べる。U君は中心になって一人で大ぜいを相手に笑わしてばかりいる。年はまだ廿四、五歳だろう。西洋人の話上手にはいつも感心する。

下らぬことを面白そうに言うては人を笑わすのが上手である。食後みかんを食べる。かみさんは片付ける。残った連中でわちゃくちゃ喋る。U君は三年位の内に日本に来るそうだ。案内しようと約束する。喋っている内に四時になった。コーヒーが出来たとて、いつもの食堂に入る。コーヒー、菓子を食べながらU君がしきりと喋り続ける。U君は決闘の名人で、いつも決闘のときは介添人となる。遠方の町からも時々傭われることがある。決闘も度々やって、二吋《インチ》鼻を深く切られた。幸いに落ちる処迄行かなかった。一度は目元をやられた。この時は介添人として働いてる最中であった。介添人として働いてる中に胸を長く切られたが、着物が裂けただけで体に傷はつかなかった。今日ではもう勉強一心で、あまり決闘のことなどは関係しないとのこと。三学期（一ヶ年半）の間はふつうの学生はめちゃ〳〵に遊ぶ。いくら勉強家でも一学期半位は遊ぶとのこと。U君は随分暴れ者で、大学の牢に三日ほり込まれた。酔っ払って巡査をからかった為、大学の裁判所に回された。牢に入る日がおじさんの誕生祭の日なので、一日延ばしてもらって翌日から三日押し込められた。牢の中は中々きれいで、部屋も相当に大きい。夜の十時迄は面会人も来ることが出来る。一日二時間は散歩も出来る。十時後はすぐ火を消さね

ライプツィヒ大学の学生牢 "Paradies"

ばならぬ。これが少し困るとのこと。大学の中に牢の部屋が七つある。いつも大抵二、三人は入っている。学生は凡てで六千人あるとのこと。U君は、新見から話のあったことを、僕に頼んで来た。日本の憲法とプロシャの憲法を比較した論文を書いたので、急がぬから暇の時に見てくれぬかとのこと。お安いことですと請け合った。その内に僕の処に原稿を持って来るとのこと。U君が、もう帰るから一つ謡《うたい》を聞かしてくれと言う。そこで新見と二人で早分りのするように船弁慶《ふなべんけい》をやる。僕がシテ、山内が時々説明していた。しまいのほうが大変面白かったとのこと。時計を見て六時近いのにびっくりして、五時迄に行かねばならぬ処があったと言うて、驚いて飛んで帰った。新見の話では、U君が、どこかによい下宿があるので、もし僕が移りたければ世話をしてもよいと言うていたそうだ。今度会ったときによく色々聞いて、今の処よりよかったら移ってもよいと言うておいた。

研究室訪問

なお、その翌々日、新見君から葉書で、U君がライプツィヒ大学の日本学研究室を亮一に見せたいと言っているから、いつでも新見の処まで来れば案内すると言って来たので、さっそくその翌日、そのつもりで出かけた。

（四月三日の日記）

ぶら〳〵歩いて新見訪う。お愛想に新見の近くで菓子（六十五文）を買って持って行く。関《せき》という人が隣の部屋で娘に会話を習ってる。不相変《あいかわらず》間々にエー〳〵と言っているのがおかしい。稽古の邪魔になるといけないから謡は遠慮す。四時、食堂で一同にてコーヒー及び僕の土産の菓子を食う。四時半、二人で出る。大学の歴史の研究室に行く。新見君は方々案内してくれた。歴史ばかりの大きな図書館である。三階に日本室というのが特別にあって、これに入ると三浦君が葉巻をのみながら何か読んでいた。U君の為に材料を集めてやっているとのこと。細長い二十畳敷位の部屋で、日本歴史に関する本が本棚にいやという程ならんでいる。九分通り日本の本である。大学総長のランプレヒト先生は歴史家で、日本のことに興味を持っているので、特別にこんなに保護してくれるとのこと。別室に十畳位の部屋があって、そこに入るとU君が働いている。廿七、八のあまり美しからぬ女がやはり勉強してる。この女は支那の文章が読めるとのこと。鎌倉時代の朝廷の費用の出処についてU君から質問されて、三浦君がしきりに調べていたが分らぬ。新見君もどうも分らぬとのこと。U君は変な顔をして、日本のことだのに、というような風をしている。U君から論文（大きな紙で廿頁ばかり）を受け取り、二週間以内に読んで直す約束す。新見君に出口迄送られて帰る。丁度七時であった。

その翌日、亮一は朝食をすませると、さっそくU君の論文を十ページばかり読んだ。「独乙字で書いてあるので、おまけに達筆だから中々読みにくい」と、日記に書いている。独乙字とあるのは、いわゆる亀の子文字のことだろうか。次の日の午前も午後も、論文に取り組み、「達筆にまかせて書いたので中々わかりにくいのを、漸く一通り読む」とある。さらにその翌日の朝食後、女中が部屋を掃除している間に食堂で再読、昼食後散歩をすませてから、とうとうそれも読み終わった。

（四月五日の日記）

訂正やら参考の意見やらを符箋する。日本の皇帝の権力の非常に大なることを憲法の条文を引いて一々説明してあるので、割によく出来ている。U君はこれに基づいて歴史上の説明をしようとしている。中々の大仕事である。神武天皇以来最近迄の歴史を一通り調べて原因を挙げて見ようというのである。この月の終り迄には出来上がるとのこと。

二週間の約束だったのに、随分早く読み上げたものだと感心してしまうが、日記には、「U君の論文に邪魔されて暫く本が読めなかったが、今夜から読めるようになってうれしい」と書いている。実際、専門の勉強がますます面白くなって来たようで、別のところには、日本から送られて来る新聞を読む時間も惜しいくらいだと書いている。保険の勉強の内容については日記には書かれていないが、別のところで「当地では金持ちには不思議と子供が少なく、労働者の子供は死亡率が高いことが社会問題になっている」などという述懐も見られる。

それはともかく、次の日曜日には、やはり新見君の下宿で日本食の昼食、午後からは謡を練習して、夕食後もスパーマー母娘《おやこ》を交えて十時頃まで団欒、帰り際に預かっていたU君の論文を新見君に託した。

ライプツィヒ大学講堂

ヴントとランプレヒト

なお、かなり先のことだが、亮一はU君達からの勧めもあって、夏学期の始めにライプツィヒ大学の講堂で行われたヴントとランプレヒト両教授の講演を聴いている。

> 昼食後、約束により山内と共に大学に至り、ブント及びランプレヒト先生の講義を五時から七時迄一時間ずつ聞く。ブントは世界一流の大哲学者、年齢七十五才というのにえらい元気、音声もかなりによく通る。ランプレヒトは歴史の先生で、やはり世界の一方の大将。目下当大学の総長である。年は六十位。非常に元気な面白い人。ブントの時は五百人位入る教場にあふれる位。僕らは漸く後ろの方の高い処に座れたのがよほど幸せな位で

ある。ユーバーシャール君はランプレヒトの秘書官のような学僕のような役をしてる。窓をあけさしたり、先生の出入りの時に先に立って案内したりしている。中々巾がきいているらしい。凡て学期の始まりには二週間許りは只でどんな講義でも聞ける。言わば試しに聞いて見て、気に入ったら月謝を出すのである。来月十五日迄に自分の聞きたいと思う学科を選び月謝を納める。一週一時間の講義は一学期の月謝五マルクと決まっている。僕などはブントやランプレヒトを聞く必要はないが、試しに聞くというような顔をして、言わば野次馬にどんな講義、どんな顔をしているか、ひやかしに行ったのである。初めの間はひやかしが多いので、有名な先生ほど野次馬が集まる。一番大きいという三十六号室は、五百人位入れる。日本のと同じ位である。女が二、三十人も来て男の間にまじり、聞いていた。生徒の中には頭の禿げた奴が大変多かった。講義の初めとしまいには、学生が足でどん〳〵床を叩く。

その後の消息

U君ことヨハンネス・ユーバーシャール（一八八五―一九六五）は、伝記によれば、学位論文を大学に提出した後、その年（一九一一年）の九月、日本に渡って大阪高等医学校のラテン語とドイツ語の教師になったが、第一次世界大戦が始まると召集されて青島《チンタオ》で戦い、敗戦時の降伏交渉では通訳を務めた。その後捕虜になって千葉県習志野《ならしの》の俘虜収容所で過ごす間に、ヴァイオリニストのハンス・ミリエス（ヨアヒムの弟子）（一八八三―一九五七）と共同で「宗教改革四百年記念の夕べ」を催し、オーケストラの演奏の間に東西文化について講演するなど、文化活動を熱心に行っている。その後ドイツに戻り、一九三二年からライプツィヒ大学日本学科教授になり、ライプツィヒ日本文化研究所を設立して初代所長になった。一時ナチスに党籍を置いたが、その後ナチスと対立して再び日本に渡り、第二次世界大戦後は甲南大学教授を務め、一九六五年神戸で没。晩年には芭蕉の俳句をドイツ語に訳して紹介している。

そのように、亮一はライプツィヒ大学の日本学研究室の何人かと交遊があったが、その年の内にユーバーシャールが日本に去り、翌年には新見吉治も三浦新七も帰国している。そして、山内君もユーバーシャールと前後してライプツィヒを離れた。

山内君に関しては、次のような事情があったのである。

山内君は、当地のモスレーという男から金を出してもらって工場に通ってる。モスレーは日本の築地に二十年も居て、日露戦争でうんと金を儲けた男である。山内君は高等工業を中途でやめてきたのだ。本人は学校に入りたいと言うが、詞《ことば》が十分でないので入れてくれない。モスレーは帰朝を勧める。山内は帰るふりしてアメリカに回り、苦学すると言う。新見と僕は、それは無分別だと止めた。

山内君のその後の消息はわからない。また、日独関係の変化の中で、親日家のモスレーやズスマン、あるいは日本びいきのスパーマー母娘《おやこ》がどうなったかも気になるところである。

ちなみに、ライプツィヒ大学の日本学研究室のその後を辿ると、第二次世界大戦後の数十年間、東独政権下で日本学研究は空白の時代を送らざるを得なかった。蔵書数を世界に誇っていた大学図書館は先の大戦で損傷を受けたまましばらく放置されていたが、その間にかつて欧州一と言われた日本研究所は旧東独政府によってとりつぶされ、その際日本関係の本は一冊残らず廃棄されたそうだ。

現在はどうかと言うと、私が夫の祖父亮一の「獨逸だより」を読み始めたのは、ちょうど東西の統一が成った前後だったが、私は高辻亮一という無名の青年が歩いた場所に何らかの足跡を残したいという気持から、ゲッティンゲン大学とライプツィヒ大学の図書館に「獨逸だより」を活字にしたものを送ったところ、程なくライプツィヒ大学の日本学科教授のシュテフィ・リヒターさんという女性からていねいなお手紙が届き、それには、かつてこの大学では日本学研究が盛んだったが、しばらく途絶えた期間があり、自分は今それを立て直すべく孤軍奮闘（Einzelkampf）しているところだと書かれていた。

あれから四半世紀が過ぎ、今では名称もライプツィヒ大学東アジア研究所日本学科となって、リヒター教授が研究所長と学科主任を兼任している。日本からの留学生も多く、文化交流の拠点になっている。

伝統ある「日本学研究室」の益々の充実と発展を願ってやまない。

第二十一章　復活祭

トーマス教会

緑の木曜日、灰色の金曜日

四月に入ると、ザクセン州にも春が訪れる。この年の冬は、例年に比べるとかなり暖かだったことが、三月二十一日と二十九日付の日記に書かれている。

(三月二十一日の日記)

今日は彼岸の入りで、今日からもう春である。激寒と聞いた独乙《ドイツ》の冬は、極めて楽であった。只の一度も内地に居るような寒さを感じたことはなかった。尤もこの冬は特に暖かいという話だが、室内の設備がよく出来ているからである。風邪一つ引かず、水洟もたらさず、極めて無事息災に一冬を過ごしたことは、有難いわけである。今冬の去るに臨み、冬に向かって礼を言いたい心持がする。これから初めての春に会う。独乙の景色は春が一番よいと言う。夏は暑いと言うが、内地に比ぶれば非常なる差で、夜は外套が要ると言うので分る。秋はすでに去年十月に経験した。

(三月二十九日の日記)

今日は列氏の十五度で（戸外が）あるそうな。もう初夏の気候になったと皆々色めいている。外は実によく照って晴々していい気持である。かみさんの説明によると、仏国との戦争の時（四、五十年前）は日中が〇度以下廿度になった。戸外には誰も出られなかった。出るとすぐ怪我をする。あんなことは前後にないことである。又ふつう四月はまだ雪が降り、三月のしまいに氷滑りをすることが出来るのであるが、この三年来大変暖かになった。多分地球が少し曲ったのだろう。尤も四月に雪が降ることがあるも決して寒くはない。ライン川のほとりに親族が住んでいるが、もう戸外でコーヒーを飲んだりしているそうな。暖かいのは結構だとの話であった。是非今日は散歩をなさいとすすめていた。

四月二日の日記には、「朝起き出すと輝くばかりのよい天気で、つい散歩に出たくなる。新市役所通りを進むと、芝草は皆青く、木々の梢もいっせいに芽を出している。中々きれいである。日曜とていい着物を着た連中が沢山ぞろ〳〵歩いている」と書いている。その翌日には、ちらちらと雪が降ってきたが、冬の最中の雪とはちがって穏やかで積もらない春の雪だった。

そして、街の様子も、復活祭を間近にして日に日に華やぎを増している。

復活祭（Ostern）は、誕生祭、昇天祭と並ぶキリスト教の三大行事の一つで、春分の後の最初の満月の次の日曜日と決められている。国や地方によっては、翌日の月曜日も休みにして祝うこともある。キリストの受難と復活を記念する行事であるが、ドイツでは特に、春の到来を祝うゲルマン人の祭祀と合体して古くから賑やかに行われていた。

シュレーダー家の食卓で、亮一がシュレーダー夫人から復活祭について説明された内容が、日記に次のように認《したた》められている。

（四月六日の日記）

本月の十六日はヤソ復活祭である。ヲスターン祭（Ostern）と言う。この日から五十日目が昇天祭（フィングステン＝Pfingsten）と言う。クリスマス、復活祭、昇天祭（この日に娘のマルタは結婚する）とこの三つはヨーロッパの三大祭日で、天長節などよりは、はるかに〳〵重いことになる。

このときは、昇天祭の話から、マルタの結婚式にも話が及んだ。シュレーダー家ではこのところ母娘《おやこ》共、結婚の準備に追われ、新しい服を買ったり家具を見立てたり、忙しく走り回っていて、留守も多かった。

マルタの結婚式は、ヤソ昇天祭の日で、今から六十日目になる。今日は色々のことを聞いてやった。喜んでくわしく説明するには驚いた。未来の夫は学士で、数理学と博物学を修めたとのこと。今は少し隔たったが、ドレスデンという町の近くで中学校の先生をしている。永く勤めるかどうか分らぬとのこと。この次の日曜には来る。兄も来る。そうすると、あなたと三人のドクトルが食卓に並ぶことになると、喜んでいる。結婚式はライプチヒでするそうだ。将来の夫とは学生時代の友人だと、おのろけを聞かされた。マルタが学校に行っていたのは、先生をしていたのである。今日辞職が決まりて、送別の式をした。生徒が一同泣いたので自分も泣いたとのこと。かみさんも一処に行ったそうだ。マルタはいそがしい〳〵。僕がもう六十日しかないと言うと驚いて、母親にもう六十日しかないそうだと言う。母親もびっくりしてる。日数もろくに勘定せずに呑気なものだ。

これが四月六日（土）の日記だが、その翌週になると、復活祭一週間前ということで、いよいよ街中の空気が高揚して来る。特に、その週の木曜日は緑の木曜日（Gründonnerstag）、金曜日は灰色の金曜日（Karfreitag）と言われて、古来様々な慣習が行われている。

〈四月十三日の日記〉

Gründonnerstag（緑の木曜日）には、必ず蜜、ほうれん草、玉子を食べる。丁度昼飯にこの御馳走が出た。なぜだか一向に分らない。もし食べないと、一年中ろばを食わねばならぬという諺がある。ろばは馬鹿なものとなっているので、ろばを食わねばならぬということは、すなわち馬鹿になるということである。クリストは今夜門弟と晩餐中つかまえられて、明日はりつけにあったのである。

また、灰色の金曜日については、その翌日の日記に次のように書かれている。

（四月十四日の日記）

今日はカーフライタハ（Karfreitag）である。カーは黒いという意味で悲しいこと、フライタハは金曜、ヤソがはりつけにあった日なので、この如く悲しき金曜日と言う。寄席、芝居は元より、商店も皆休み。但し日曜、祭日の商店の休みの日でも、食べ物に関係ある店、パン屋、八百屋などは一日も休まぬ。今朝もパンの脇に蜜が出ていたが、甘い物は欲しくないから食べなかった。馬鹿になってもよい。

そして、十六日の復活祭当日を迎えることになるのだが、それについては日記に次のように書かれている。

復活祭には、別に贈物のやりとりはせぬとのこと。この日の印は、玉子、兎、雛などで表わす。絵はがきを見ると、何れもこれを画いて「復活祭おめでとう」などと印刷してある。兎は達者にまめに走るから、まめなようにという意味。玉子と雛とはどうも分らない。玉子から雛が生まれるということは、ヤソの復活に似ているからだという説もあり、また一説には昔ヤソ教の入る前に春の祭があって、その時には玉子、雛、兎などを食べて祝った風があった。それが復活祭と混同したのだとの説もある。何れがどうか分らない。とにかく各家で玉子を食べることは事実である。ことにロシヤなどでは玉子のやりとりをするし、沢山煮て食べる。ロシヤではこういうことは中々盛んで、玉子をうんとこ茹でて、来る奴〳〵に食べさせてやる。必ず来た人は食べねばならぬ。食べないのは無礼になる。往来で会うと必ず連れて帰る。又この日は知合いの家は必ず訪問して玉子を一つでも食べねばならぬとのこと。夜の十二時になると、往来に皆出て、抱き合ったりキッスしたりして「神は今復活せり」と叫んで歩く。学校は何れも学年末になっている。又卒業時期になっている。復活祭の前に試験がしまって、ゆるりと祝が出来るようになっている。大学の如きは一ヶ月以上休みである。昇天祭（六月四日）の時は、樺《かば》の木（Birken）の枝で部屋を飾る。中々美しいそうだ。復活祭は十六、十七の日で、普通の家では御馳走を作って食べる。教会では大袈裟な祈祷をするとのこと。

引越し宣言

このように街中が復活祭で盛り上がる中、亮一《りょういち》はいよいよ今の下宿を引越すことを真剣に考え始めた。日本人会で出会った大森《おおもり》君が、近くライプツィヒを去ると聞いたことも、その引き金になっていた。

（四月十二日の日記）

色々考えた末、大森君が去ったらそのあとの下宿に入ろうかと思う。大森君の家は新見《しんみ》君の家のように七、八年も日本人になれているし、めし、日本の馳走などちょい〳〵出来るし、沼津でやったように牛肉を焼いて食うことも出来るし（普通の家は臭いとていやがるので）、人数も少ないし（かみさんと十八位の中学生だけ）、部屋も今の所よりは日当りがよく、きれいだし、着物来たままめしを食うことも出来るし、万事気楽だから、どうもよさそうに思う。それに人が少ない故一日でも退屈な時は、かみさんをつかまえて話が出来る。今の家はかみさんはじめ一同親切だが、人が多すぎる。かみさんは中々いそがしい。食事の時など若い女が居ると中々めんどうだ。それに独乙の下宿の様子も大抵分ったから、親切なかみさんを捨てるのは惜しいが出ることに決めた。もし大森の処に差支えがあったら、新見の近くに移って（下宿はいくらでもある）、めしだけ新見の家に食べに行ってもよい。昨日あたりからちょい〳〵考えていたのであるが、早く通知してやらねばかわいそうだ。一ヶ月前に知らしてくれという注文だから、今夜かみさんにそう言った。来月十六日に引越しをする。Südstr.（南町）にU君が居て互いに都合がよいからと、いい加減な嘘を言っておいた。かみさんは大変残念だと言っていた。このかみさんは大変親切であったから、その礼のつもりで不日芝居に供をしようと言うておいた。御礼などは要りませんと辞退していたが、結局来週新劇場に日を見て行くことにした。明日午後大森の家を訪ねて家の模様を聞く。もしいけなかったら、新見と二人で新見の近くの部屋を探す。新見の向いの家に一つ部屋があるそうだ。前に日本人が居たことがあるとのこと。かみさんが言うには「近頃どういうものか、あなたの発音が少し悪くなったという評判です。皆が言うには、中々立派な珍しい発音だったのに、この二、三日どうかすると悪い発音が出るのは、日本人と話が過ぎるせいじゃないかと言っていました」とのこと。あるいはそうかもしれない。新見、山内《やまのうち》二人共発音が悪い。多少うつったかもしれない。新見、山内と話の時はなるべく独乙語で話すように約束してあるが、ややもするとむつかしいことはやはり日本語でやるので、つい日本語の練習になる。ひどいものだと思った。今夜さんざ話した終りに、どうだ、まだいけぬかと聞いたら、いいえ、もうすっかり元のとおりに立派になりましたとほめていた。

亮一も学生時代から下宿住まいや引越しには慣れているし、シュレーダー夫人も店子とのやりとりに関してはベテランである。世話になった下宿のおばさんを、日頃のお礼に芝居に招待する慣習は、日本独特なのだろうか。私の子ども時代にも、周囲で時々そういうことが見られた。

ここに至って亮一も、シュレーダー夫人に対しては感謝もし一目も二目も置いている。最初は分らなかったが、時々訪ねて来る親戚がゲハイムラートだったり、息子の一人はベルリンで医者をしていて、娘のマルタは編み物の学校の生徒だと思っていたら実は先生をしていたり、やはり異国人同士がお互いに分かり合うためには時間が必要だったのだ。日記には次のようにも書いている。

かみさんの家は有名な詩人レッシングの後裔だそうな。レッシングはたしか千七百年代に住んだ独乙の大詩人である。レッシングには子がなかったが、彼の弟に子があった。その弟の子がかみさんのひゝじじいになる。即ちレッシングの弟から五代目にかみさんが当る。かみさんの兄弟の一人は大変詩が上手であるそうな。やはりいくらか血筋だろうと言うている。そう言うとかみさんは何だか品があって親切で、ふつうの下宿のかみさんなどとはちがっているように思える。

少年合唱団

結局このときは逆に、復活祭の前日、シュレーダー夫人が亮一を誘ってトーマス教会の音楽会に案内している。

(四月十五日の日記)

午前中勉強。午後、約束によりかみさん、マルタと三人で教会に行く。新市役所通りで少し手前のトーマス教会という一番大きな教会である。もう人が一ぱい入っている。高い〳〵桟敷も一ぱい。已むなく入口(は四方にある)の隅に押されながら立つ。天井のない大きな建物である。昔からあったのを廿年前に改築したもの、四十万円の費用で建てたそうだ。土曜の午後一時半から二時迄の間に、冬の間音楽があるので、これを聞きに来たのである。讃美歌的ものだが、立派なる宗教音楽として発達したもの。特にライプチヒのはヨーロッパで有名だということだ。正面の高い二階桟敷に一隊の小供が居る。人数はよく分らなかった。前列の者二組位しか見えなかった。やはり指揮をする人が向うを向いて棒を振る。中々いい声である。人間の声とは思えず、楽器から出る音のようである。人間の声のなりたちによりて七、八人位ずつ一かたまりにならべ、ピアノとバイオリン、ラッパ、などというように、それぞ〳〵これ等の楽器の役をしているように思われる。もちろん楽器は入らず肉声のみであるが、楽器が鳴っているのとあまりちがわぬ。陰で聞くと楽器だと思うだろう。一同一度にうたう時はまことによい。色々の声が集まって一つの楽を成すようになっている。この音楽のことをMottette（モッテッテ）と言う。伊太利《イタリア》の詞《ことば》である。大ぜいでうたう教会の歌、というような意味である。昨年はヤソがはりつけにあう時の模様を音楽でやったそうだ。今年は何であったか、番付が買えなかったのでわからなかった。教会付の学校があって其処の生徒に教えてうたわす。そして結婚、葬式などにも傭われて行くようになっている。四十分位ではねた。勿論木戸銭はなし。外套も着たまま。

これは言うまでもなく、バッハの時代から今日もなお世界中に知られている、四百年の歴史を持つトーマス教会の少年合唱団である。前年度に演奏されたのは「マタイ受難曲」だろうか、それとも「ヨハネ受難曲」だろうか。いずれにしても、留学中に一度でも少年合唱の天使の声を聴く機会を得たことは、シュレーダー夫人に私からも感謝しなければならないことである。

第二十二章　大森君

「緑の木曜日」の絵はがき

宗教談義

大森《おおもり》君の下宿を訪ねたのは、「緑の木曜日」の午後だった。

（四月十三日の日記）

新市役所前をぶら〳〵と歩いて、やがて大森君の家に着く。早速出迎えを受けて向い合せに卓を囲む。この人は仏教の方の僧侶で、越前の人である。細かい絣《かすり》の伊勢崎の上に羽二重紋付を羽織っているのはよいが、下のフランネルの襟が大変汚れたのを、かまわずに出して平気なものだ。シャツも大分汚れている。茶を命じてくれたので、あまりうまからぬ茶を飲みながら話す。この人の年のほどはよく分らない。ふけたような子供のような顔してる。アメリカに四年、イギリスに二年、独乙《ドイツ》に二年半居るとか。一人暮らしののんき者だから、年の割にふけないのだろう。話の具合によると、卅八、九、事によると四十にもなっているようだ。専門は宗教と法律の関係を調べている。日本でも追々宗教取締規則が出来るというつもりで、その準備に調べているのである。勿論政府の留学生ではない。やはり宗教の大学から来ているのである。極めて風采の上がらぬ安直なやさしい男、それが又越前なまり丸出しと来ているので愛嬌がある。早速宿のことを聞いたら、あいにく来月から九月迄はアメリカに居る長男が帰ってきて嫁を貰うので、ふさがるとのこと。部屋は廿マルクだとのこと。宗教と法律との関係を調べているので、僕との話はよく合う。話の間に聞いたことを少し書きつけておこう。中には珍しいこともある。こちらに来ていると色々学問をする。それぞれ専門の相当な人間の集まりだから、物事を聞くには持って来いである。日本に居るように、気取ったり隠したりしないから、ほんとの事が聞ける。洋行中には自分の研究外の事に大変物知りになるという一般の話だが、全くそうである。日本の仏教については、恥ずかしながら子供の時以来くわしいことを聞いたことがない。いい幸いだから大森君に聞くと、凡て左の通りの宗教がある。

亮一《りょういち》の実家は南河内《みなみかわち》の菅生《すごう》天満宮で、亮一の父高辻保《たもつ》が宮司を務めていた。奈良時代から明治維新までは神仏習合だったので、境内に天門寺という寺院があり、地元では宮寺と呼ばれていた。そんな環境で育ったので、いくらか知識は持っていたと思われるが、日本中の仏教の全宗派を体系的に勉強したことはなかったようだ。大森君の説明は、まず上古（奈良）、中古（平安）、近世（鎌倉）にわたってどういう宗派が存在（あるいは消滅）したかという話から始まっているが、その詳細はここでは省略して次に行く。

各宗派の分かれる原因は、釈迦《しゃか》の説いた経文が沢山あるのであるが、その内の一つを元として何れも一宗派を興したのである。この経文がほんとの釈迦の力を入れたもの、これが一番釈迦の真意を伝えたものだという風に、めい〳〵思う経文を元として仏道を説き始めたので、こういう風な派が出来た。だから宗論はつまり狂言に言うように間違ったものである。何れも釈迦の説を元にしたもので、争う余地はない。本山はどうして出来たか。これには色々原因がある。一、宗祖滞在の地。たとえば真宗を始めた親鸞《しんらん》上人が、日本中至る所で説法をした。後にその土地々々に寺を建てた。何れも末寺《まつじ》とすることは出来ぬから本山とする。二、将軍家又は朝廷より本山にしてもらう。たとえば真宗の偉い僧が出て朝廷又は将軍家に信頼されると、その僧の居る寺は本山でなくとも本山と同等にしてもらう。三、支那僧の滞在地。昔支那の高僧が来て説法した土地は、宗祖のそれと同じく本山になる。その他まだ二、三理由があったが忘れてしまった。東西本願寺が大変朝廷にひいきにされ、華族になったりしているが、元は東本願寺だけであったのを、秀吉《ひでよし》の時に西が出来た。当時本願寺に二人の子があって、御家騒動のような風になった。母親と弟を秀吉が引き受けて味方をしてやり、別に西本願寺を建てさした。秀吉がこうして本願寺の勢力を二つに割いたのは、やはり政治上の策略であるとのこと。謡《うたい》に仏語が多くて分らないで困るという話から、はからず奈良の薪能《たきぎのう》の話を聞いた。これは同君が日本を出る前に、大ぜいと相談して復活に尽力したのだそうな。昔の奈良朝時代の風習を更に盛り返したのである。舞台には昔の奈良朝時代の僧侶の風をした者（黒い頭巾をかぶり、大きな力を持つ）、宮様方に当る者（これは東京の華族連がこの役をする）、尼（今でも奈良には宮様の尼が大分居らるるとのこと。奈良時代には大変数が多かった）（今の奈良の尼を引き出す）などが舞台のまわりに陣取る。まわりに天も焦げるような薪をたく。一般の見物はずっと下の方に一面にならぶ。能は五流にそれ〴〵やらす。中々古びた趣があって面白い。昔はこんなことして宮中や僧侶がなぐさんだものだとのこと。この時には各流とも報酬を貰わず只で出勤するとのこと。その外奈良に能のはじまりだと思うようなものがある。千年以上前からの風を少しも変えずにやっているのを見て、大変面白いと思ったとのこと。何でも坊主が薪を持って堂のまわりを回り、又はわけの分らぬ経を読んだりして騒ぐ。十二時を過ぎると矢来を作った中に入り、面を着て色々の風をなし、妙なふしで歌をうたって滑稽なことをする。たしか奈良の二月堂の僧だと聞いた。僧の数は十二人と決っている。これは昔の実忠別当《じっちゅうべっとう》という人が、座禅を組んでる中に天に上り、生きた観音が天人（十二人）に面白いことをしてもらって笑って喜んで居られるのを見た、そこでその生きた観音をそのまま二月堂に入れて、これにちなんでこういう滑稽なことをさし始めたとのこと。大森君は帰朝の途中、印度《インド》奥深く旅行する。釈迦の生まれた地、死んだ地などを見てくるとのこと。二つともまだはっきり分らぬ。色々の説があって、十分には決らぬ。四里四方位の処まで分った。即ちこの四里四方の内だということは分ってるが、その中のどの辺だか分らない。日本では一向研究せぬが、西洋人は実によく調べているとのこと。印度山中の旅はなか〳〵危険で、特に虎が出たりする。宿屋に泊ると窓に皆金網が張ってある。これは毒蛇の入るのを防ぐ為で、これがないと夜間高い窓からでも入って来るとのこと。今年の暮頃迄印度に居て、又一、二年中に日本から印度に来ると言うている。阿弥陀《あみだ》、仏陀《ぶっだ》、釈迦、釈尊《しゃくそん》などは皆釈迦の別名で、菩薩《ぼさつ》、観音《かんのん》などは釈迦の弟子、羅漢《らかん》はずっと下の方の徒弟で、お経を唱えて人の門に立ったような連中であるとのこと。釈迦の生まれたのは紀元前四四八年であるということだけはたしかになった。これは英国人が研究したのである。日本ではもっと前、九百年くらいだと信じているが、これはまちがいだそうな。ヤソ教については、近頃西洋に新説が出て、クリストは作ったもので、ほんとに居たものではないという立派な説が出るようになった。学問上からの研究で、十分たしかな証拠などがちょい〳〵出て来るので、宗教家の方ではこれと戦うために大変困却しているそうな。尤もこういう議論は昔からあったが、殊に近来語学の研究が盛んになったので、色々動かしがたい証拠が出て来る。この間も有名な人が当地に来て演説をやったそうだが、これに反対する人の方の議論が何れも幼稚であるとのこと。ローマ法王は目下大いに困って処置方を考え中だとのこと。色々理由を述べていたが、尽くは覚えない。只一つ、ヤソのはりつけの形はまちがっている、作ったものの証拠であるとのこと。昔のあの土地のはりつけの形は木をTの字形に組む。そして体をぶら下げて自然に死ぬのを待っていたのである。釘づけ、槍で突くなどのことはしなかった。これは当時の風俗研究上たしかである。然るにこれを釘づけにし、又は槍でもって傷を作って殺すなどということは、作ったものであることは確実だという説があるとのこと。又中にはこんなことを言う奴がいる。ヤソがぶら下げられた処を、夜の間に他人が助けた。そして三日目にふと人がヤソにあったので、ヤソは復活したなどと言うのである。ヤソはその後エジプトに渡り、そこで死んだらしいとのこと。この説によれば、ヤソという者はあったことになる。つまり、はりつけを否定するのである。復活という思想はエジプトから出た。エジプト人は五千年も前に住んで、割合に開けていた国民である。一番初めに作った（即ち五千年前の）ミイラを入れるピラミッドが今でもある。ミイラにするのは復活の為である。死んだ者はいつか時が来るとまた目が覚めて生き返ると信ぜられた。だから全身に布を巻き、腐り止めをなしてミイラにした。そして必ず西枕に寝かす。神は東から来て呼び起す。西枕はあおむけに寝て死んでいる者が、そのまま立って東向きに立つという考えであったそうな。当時エジプト人は、死んでから体を大切にされることを大変に重んじていた。子供を作るのは死後の体を番して粗末にされぬ為だと信じていた。もし死骸に傷がつくと、もう復活されぬと思っていた。今でもエジプトでは死骸にきれを巻く癖があるそうな。エジプト人は太陽を尊敬して神としていた。又しまいには猛獣、蛇などをも神として崇めた。これは死骸を猛獣がよくさらって自分の餌にするので、エジプト人が非常に困った結果、猛獣も神である、噛まれても差支えなく、別の原因で死骸がめちゃ〳〵になるのとはちがうと言うような理屈をつける為に、神として祀り込んだのである。今でもエジプトの葬式には、猛獣、蛇などのかたちを作って棺の周囲に押し立てて墓に行くとのこと。大森君が見た話である。復活祭に蜜、玉子などを食べる原因について、大森君は下の如く語った。これはずっと昔のクリスト教以前の習慣である。いわゆる異教徒の宗教的習慣であった。ある説によると、こういう精分になるもの（昔の食物の中では一番滋養になるものなりしならん）を食べて元気をつけて体をよくすると、子供が沢山出来る。子供を沢山作るために始まった習慣だ。大昔は部落と部落、種族と種族との戦だから、一人でも人間の多いほうがよい。人が多ければ勝つ。これが宗教の方に入り、宗教でも人の多く出来るのを奨励した。こういう古い習慣があったので、クリスト教が出来た後、やはり残って何とはなしに復活祭の時にこの習慣を守ることになったのである。英国のある処では、玉子の黄身ばかりを他の食べ物と煮て、すっかり黄色くして、金の儲かるように食べるのだと思うてる処がある。今日の世の中では子供よりも金の方が欲しいという西洋人の考えから、こういう思想も自然と出て来るのだとのこと。緑の木曜日と言うことについては、なぜ緑と言うか分らないとのこと。その他色々な話をしてる内に五時二十分になった。夕日が一ぱいに部屋に入って暖かい。茶が水になってしまった。失礼して帰る。

暇乞い

大森君の談義をこんなにゆっくり聞いたのは、これが最初で最後のことだったが、つい面白くて日記に書きとめたくなったのだろう。なお、この翌々日の土曜日に、ライプツィヒの日本人会は例会をかねて大森君の送別会をしている。

(四月十五日の日記)

七時半、ポストに投げ込み、独乙亭に至る。来会者は大森(宗教学)、三浦《みうら》(経済学、高商教授)、上田《うえだ》(独乙文学、大学助教授)、馬越《まこし》(医学)、井上《いのうえ》(眼科医、駿河台《するがだい》の井上病院弟)、新見、山内、及び僕。めいめい勝手なものを取りて食べる。僕は鳩の焼いたのにめし(中にうどが入った粥)を食った。これが一、二五、ビール〇、二五、勘定の時に一、七五やった。送別会なのに大森も自分のは自分で払っている。これもいい習慣である。八時から十二時までわちゃくちゃ喋る。切り上げて出たが、どこかへコーヒー飲みに行こうということになる。大ぜいでぶら〳〵歩く。人が驚いている。新劇場横のライクスカンツラーという料理店に入る。馬越は途中で居なくなった。この人はもう十七、八年独乙に居る人である。この店はもう殆んど誰も居なかった。隅に一同ずらりと卓を囲む。めい〳〵コーヒー、茶、ビールなど取る。僕は腹が減ったのでトルテという菓子とコーヒーを取った。又べちゃ〳〵。二時に引き上げる。六十文払う。一同に別れ、三浦と二人で帰る途中法律の話が出て、も少し聞きたいからとてまた近くのコーヒー店に入る。同君は経済学専門だが、法律のことを知りたいと言うので、いろ〳〵聞かれる。これがすんで同君の専門の話を色々聞いた。プロメナードという旧劇場の前にあるコーヒー店で三時頃だのに人が廿人ばかり入っていた。ここでは茶にレモンを絞って入れ、たばこ三本吸う。四時になったので驚いて出る。〇、五〇払う。三浦に分かれて家に帰ると四時五分、すぐ寝た。

大森君は、それからおよそ十日後の四月二十六日の夕刻に、亮一達に見送られて中央駅に隣接するドレスデナー停車場からウィーンに向かって出発した。その朝、親しくしていた留学生仲間の下宿を暇乞いに訪ねて回っている。この「暇乞い」という奥床しい慣習は、当時の留学生の間で必ずと言ってよいほど励行されていて、亮一の日記にしばしば登場する言葉である。

なお、大森君こと大森禅戒《ぜんかい》師（一八七一——一九四七）は、伝記によれば、福井で生まれ、十四歳で曹洞宗の仏門に入り、曹洞宗大学林（後の駒澤大学）で学び、二十九歳で教授になった後、一九〇四年から米、英、独の大学に留学、最後は印度に立ち寄って帰国したとある。よほど秀才だったのだろう、宗門《しゅうもん》としては破格の待遇と言える。その後、駒澤大学学長、永平寺貫首《かんじゅ》を務めた。亮一との話の中にあるように、奈良の東大寺で古来行われていた薪能やお水取りの行事を復元する運動に加わったのは、留学前の彼の一つの功績である。現在、駒沢大学の校舎の一室に、大森禅戒師の等身大の写真が飾られているそうである。

終章

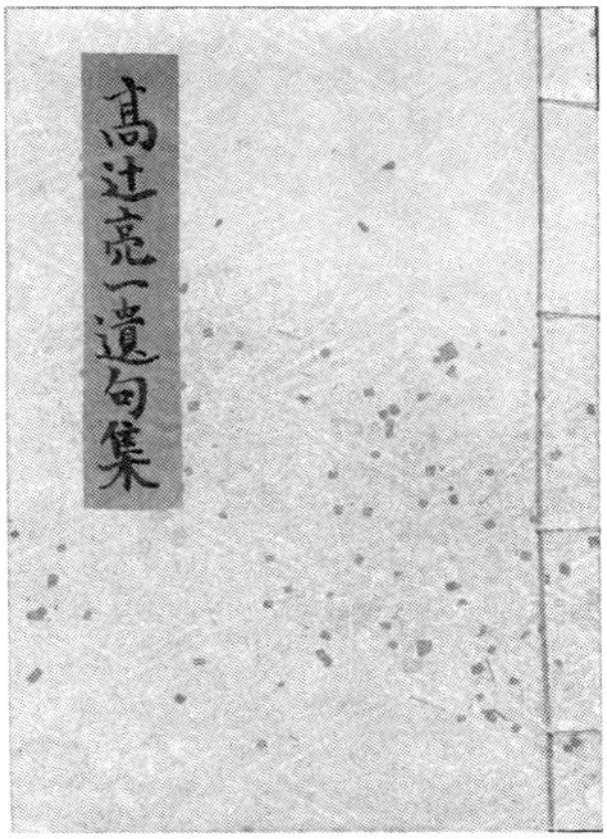

高辻亮一遺句集
（題簽　高辻正己）

高辻亮一《たかつじりょういち》の留学日記「獨逸だより」は、折しも復活祭でライプツィヒの街全体が高揚しているところで、いささか唐突に終わっている。

それは、大学の夏学期の開始に向けていよいよ本格的な勉強にとりかかるためでもあった。三月三十一日の日記にも、「今後は勉強が始まるについて段々変化が少なくなって来るだろう。従って時によると書くことがなくて短いこともあるだろうと思う」と書いている。

下宿を移ることもその一環で、シュレーダー家は五月一杯で退去し、結局新見《しんみ》君の下宿の階下が空いていたのでそこに住むことに決めた。その後、八月に山内《やまのうち》君が去った後の部屋に移り、結局帰国するまでスパーマー家が亮一の留学中のライプツィヒの拠点となった。

日記を書くことをやめた後は、日記を書き始める前と同様、毎日の出来事を細かい字で詳しく認《したた》めた絵はがきが毎日のように国元に送られている。在独中に妻のみつに宛てて送られた消印つきの絵はがきは八百枚にも及んでいて、それを順次読むことで、亮一の留学生活のほぼ全容を知ることが出来る。

たとえば、その年の夏休みには、日本人会で知り合った桑田《くわた》君（心理学）と同行二人の旅行をしている。ライプツィヒからフランクフルトに至る今で言うゲーテ街道の旅である。

その秋には、ドレスデンで開催されていた万国博覧会を見学、その折、ドレスデンの絵はがき屋で、自分の横顔の切り絵（背表紙参照）を絵はがきに仕立てている。

その後、一時的にベルリンに移動し、二度目の大晦日はベルリンで過ごした。そのときの模様を「除夜の記」という随想にして内地の友人に託したものが、有亭《ゆうてい》という筆名で当時の俳誌『層雲』に掲載されている。(「有亭」は名前のイニシャルのＲ Ｔ《アール・ティー》をもじったものと思われる。)

翌年の夏は、ドイツ最古の保険会社ゴータ生命で見習い生活を送るため、イエナ大学の考古学者ピック教授方に寄留している。夏の休暇をピック夫妻とともにチューリンゲンの森で過ごしているところに「至尊崩御」の報せが届き、時代は明治から大正となった。

その秋、オランダのアムステルダムで世界保険大会が開かれ、日本人の保険関係者数名と共に、亮一も参加している。

三年目の帰国の年になると、いよいよ留学の仕上げにかかり、ライプツィヒ大学のエーレンベルヒ教授やベルリン大学のマーネス教授の指導を受けながら、トイトーニア(ライプツィヒの保険会社)に週三回出向したり、日本から出張した保険課長の通訳を務めたり、帰国の日が近づくにつれて多忙が加速されていく様子がわかる。

その上、みつ宛の絵はがきに書かれた留学生仲間の動向を見ると、盲腸炎の再発で緊急入院手術する者、妻が病気との報せに急いで帰国する者、強度の神経衰弱になる者、異郷で誰にも看取られず淋しく病死する者などあり、いつしか留学生の中でも先輩格になっていた亮一は、持ち前の性格と語学力と法律の知識から、彼等の相談に乗ったり面倒を見たり、新しく来る留学生の世話(下宿の斡旋、交渉、通訳、案内等々)に追われたりしていたようだ。

下宿との交渉の中には、当時部屋に南京虫が出ると、長期契約していてもその日のうちに退去してよいという慣習があり、そういうときに亮一の「法律論」と「語学力」が必要とされたのである。

無論、彼が思いもよらない病魔に冒されたのは、多忙による過労のせいだけではないと思うけれど、あれほど元気潑剌と青春を謳歌し、先進国の文化を豊かな感性で体験し、グローバルな視野を持って帰国する筈だったのにと思うと、本当に残念でならない。

亮一の母校である堺中学（現・三国丘高校）の資料室には、亮一が中学五年級のときに校友会誌『茅渟《ちぬ》の海』に寄稿した随想が残っていて、それを読むと、彼が少年の頃からすでに海外留学に憧れを抱いていたことがわかる。

その夢は、その後上京して高等学校、大学に学び、保険会社に就職することによって実現した。最愛の妻子に恵まれ、将来を嘱望され、一族や郷党の期待を担いながらの晴れがましい洋行だった。その留学日記は、天性の明るさと自信に満ちた眩いばかりの青春の記録である。

しかし、彼がドイツから病を得て帰国し、その後十年足らずで世を去ったことを最初から知っていた私共は、希望に溢れたその日記を読むほどに、心のどこかで無常を感じないではいられなかったのである。

それに加えて私が個人的に残念に思うのは、先にも書いたように、彼が初めて本場のオーケストラの演奏を聴いて「荘厳……天地の崩れるような……今にも気が狂いそうな……心が飛んでいくような」という感想を持ちながら、それが次に来るべき出会い、すなわちドイツ精神の根幹とも言うべきキリスト教との出会いに至らなかったことである。取捨選択はともかく、一度は向かい合ってほしかったと思うのである。

もっともオーケストラの初体験とちがって、亮一はすでに学生時代にキリスト教会（植村正久牧師の富士見町教会）に通っていた形跡がある。したがって、キリスト教に関しては、オーケストラを初めて聴いたときのような衝撃的な出会いよりも、むしろ、例えばゲッティンゲンで下宿していたパイネ家の子ども達の可愛らしい祈りの言葉、あるいはライプツィヒのトーマス教会少年合唱団の天使の声などを通して静かに感じるところがあったのではないかと思われる。

まことに残念なことに、音楽にせよ、キリスト教にせよ、病を得て帰国して三十八歳の若さで亡くなってしまった亮一は、それ以上深くそれらを追い求めることは出来なかった。

迫り来る死と向かい合いながら平塚の海辺の病床で一年有余を過ごした亮一の心を思うと、晴れがましいドイツ留学との対比に涙を禁じ得ない。

髙辻亮一遺句集の最後の頁は、「二度と来ぬ若さよ春よ享楽よ」、「短命に死するやせめて永き日に」、そして一九二二年四月一日に作られた辞世の句「曇り日や梅散り果てて潮の音」で終わっている。

この小著の最初の方に掲げた渋江抽斎《しぶえちゅうさい》の述志の詩の「三十七年如一瞬」を見たとき、私の脳裏には、抽斎や鷗外《おうがい》はさておいて、まず亮一のことが浮かんだのである。彼の人生は、この詩の最初の一句で終わっていて、その先は「薄才伸」も「栄枯窮達」もまったく無縁だったのだ。

あの留学はいったい何だったのだろうか。ドイツに行かなければ、病気にもならずに人生を全う出来たかもしれないのにと、おそらく亮一は病床にあって自問自答したにちがいない。

また、莫大な費用をかけて彼をドイツに派遣した会社にとっても、結果的には無駄な投資に終わったわけで、そのことも亮一自身さぞかし負い目に感じたことだろう。

そして、何よりも彼にとっては、自分が守る筈だった最愛の家族に苦労をかけることが、どんなにか辛かったにちがいない。

けれども、歴史は名も無い民草一人ひとりの力が結集して作られるという『天皇の世紀』の歴史観をもってすれば、いかなる人生も徒花《あだばな》に終わることはないのであって、事実、あのときの留学生達の意気軒昂たる様子は、近代国家の成立を目指していた当時の我が国の士気を高める熱気の一部となっていた筈であり、亮一はたしかにその中で息づいていたのだ。

一九一一年七月十五日（土）に、帰国者の送別会も兼ねて開かれたライプツィヒの日本人会では、幹事役の亮一の提案により、出席者十三人がピーパーホッフ（Pieperhoff）という有名な写真館で集合写真を撮ったことが、みつ宛の通信に認《したた》められている。（残念ながらその写真は我が家には見当たらない。）

そして、撮影が終わると、三浦《みうら》君の発議で全員が新小金井（コンネウィッツ）の森の中を三時間散策、コーヒー店で休憩した後、電車で街に戻っていつものドイッチェス・ハウスで会食、解散後も三浦君と亮一をはじめとする何人かは玉突きを楽しみ、帰宅は深夜に及んでいる。

「近頃にない愉快な一日だった」と、亮一は書いている。ゲッティンゲンに劣らぬ留学生達のまとまりと盛り上がりが感じられる。

亮一の日記にしばしば登場するライプツィヒの仲間達の中で、新見吉治《しんみきちじ》、三浦新七《みうらしんしち》、大森禅戒《おおもりぜんかい》、ヨハンネス・ユーバーシャール、桑田芳蔵《くわたよしぞう》、石橋智信《いしばしとものぶ》等は、何れも教育者として昭和の終戦後まで生き抜き、日本の大学で多くの後進を育てた。

亮一も、専門や立場はちがっていても、短いながら彼らと同時代を生き、しかもある時期同じ時間と空間の中で交流を持つことによって、お互いに何らかの影響を与え合った筈である。長く生きた人も、短命に終わった人も、皆それなりに有形無形の足跡を残し、それが次の世代に踏襲されていると考えるべきだろう。

とにかく、彼らは一つの時代を生きた。そして私達は今のこの時代を生きている。さらに、その間に様々な時代があって、誰もがそれぞれの時代を生き、それぞれの人生を送った。それらすべてが重なり合いながら、時が流れ、歴史が作られて行くのだろう。

そんなことを漠然と考えつつ、長々と走らせて来た筆を擱《お》くことにする。

（完）

あとがき

このたび、多くの皆様の励ましと家族の理解のもとに、前作『ゲッティンゲンの余光』に続く本書を自費出版することが出来ました。髙辻亮一の留学日記「獨逸だより」と取り組み始めて二十余年、その間の様々な出来事や人との出会いを思い起こしますと、それらが私の後半生の大きな支えであったことに気づき、あらためて感謝せずにいられません。

思えば私自身、幼少の頃から今日に至るまで、「ドイツが大好き」という雰囲気の中で過ごして来ました。小学生の私にドイツ語を教えようとした父親のことはともかく、学生時代の恩師や音楽の友人にもドイツ学派、ドイツ楽派が多く、私が「獨逸だより」に夢中になってしまったのも無理からぬことでした。その方達のためにも、この小著が日独親善のささやかな一助となることを願っています。

本書制作にあたってお示しいただきました皆様のご厚情、ご協力、特に中央公論事業出版の社友平林敏男様と編集担当の佐々木蛍様より賜りました一方ならぬご指導とご尽力に、心よりお礼申し上げます。

平成二十九年十月一日

髙辻玲子

獨逸《ドイツ》だより　ライプツィヒ篇《へん》
ニキシュを聴いた日本人

2017年10月28日　初版発行

著　　者　髙《たか》辻《つじ》玲《れい》子《こ》

制作・発売　中央公論事業出版
〒101-0051　東京都千代田区神田神保町1-10-1
電話03-5244-5723
URL http://www.chukoji.co.jp/

印刷・藤原印刷／製本・松岳社

Printed in Japan　ISBN978-4-89514-481-0 C0095